PADRES "BUENOS", PADRES "MALOS"

Niños felices, educados con límites

Patricia Juárez Badillo

PADRES "BUENOS", PADRES "MALOS"

Niños felices, educados con límites

Grijalbo

Padres "buenos", padres "malos"
Niños felices educados con límites

Primera edición: enero, 2008
Primera reimpresión: mayo, 2008
Primera edición para Estados Unidos: abril, 2009

D. R. © 2007, Patricia Juárez Badillo

D. R. © 2007, derechos de edición mundiales en lengua castellana:
    Random House Mondadori, S. A. de C. V.
    Av. Homero núm. 544, col. Chapultepec Morales,
    Delegación Miguel Hidalgo, 11570, México, D. F.

www.rhmx.com.mx

Comentarios sobre la edición y el contenido de este libro a:
literaria@rhmx.com.mx

ISBN 978-030-739-277-0

Impreso en México / *Printed in Mexico*

Distributed by Random House Inc.

Índice

Índice

Agradecimientos

A mis hijos José Manuel y Alejandra, por haberme tenido paciencia y aceptar con gusto e ilusión otorgarme parte del tiempo en el que interactuamos juntos para que yo pudiera realizar este libro.

A todas las maestras, padres y madres que gustosamente compartieron conmigo todas sus experiencias, inquietudes y sentimientos con respecto al estado actual en la educación de los niños.

A mi hermano Carlos y su esposa Martha Chávez, a mi hermana Marcela y a mi prima Alejandra Iguiniz por todos los consejos y correcciones que me dieron, en base a su conocimiento y experiencia, para la realización de este libro.

A mis padres Eulalio y Bertha Elena, así como a mi hermana Bet por todo el apoyo que me brindaron.

A la Editorial Grijalbo y todo el personal por su apoyo y confianza en la realización de este libro.

Prólogo

Hace algunos meses, en una reunión, conocí a una encantadora mujer con la que me puse a platicar. Me comentó que tenía 38 años trabajando como maestra de primaria en escuelas particulares. Al instante me percaté de que era una persona con mucha experiencia y conocimientos en lo que respecta a la educación de los niños. Sus comentarios fueron muy valiosos para mí porque reflejaban una inquietud semejante a la que muchos padres y educadores proyectan en sus preguntas al término de alguna de mis conferencias. Sin recordar con precisión sus palabras exactas, sus comentarios fueron los siguientes:

La educación de los niños ha cambiado mucho en estos últimos años. Por un lado, los niños de ahora son más inteligentes y más despiertos; captan las cosas con mucha más facilidad. Por otro lado, son más irresponsables e irrespetuosos; se aburren fácilmente y su tolerancia a la frustración es casi nula. A los maestros no nos hacen caso, y si les llamas la atención se enojan.

Mira, hace 20 o 30 años, los niños obedecían con más facilidad y sentían respeto hacia nosotros, los profesores. Permanecían sentados durante la clase, si deseaban salir pedían permiso, no se distraían con otras cosas y en general no se peleaban entre ellos, se trataban con más respeto y tolerancia. Cuando alguno se peleaba, no quería trabajar o tenía un mal comportamiento, bastaba con que le dijéramos que si persistía con esa conducta, mandaríamos llamar a sus papás para que mejorara. Los niños temían que se les enviara un reporte de mala conducta o que se llamara a sus papás, permitiéndonos mantener controlados a los más inquietos, que por cierto no eran muchos. Este hecho hacía que nuestro trabajo fuera más productivo y gratificante ya que en general, los niños se interesaban en escucharnos permitiéndonos inculcarles no sólo el conocimiento sino también valores sociales y familiares; además, el ambiente en el aula era más armonioso.

Actualmente esto ya no es posible porque anteriormente los niños que presentaban mala conducta eran alrededor del 10 por ciento; ahora estamos hablando de un 50 o 60 por ciento. Es decir, es mayor el número de niños que no se interesan por escucharnos, son irrespetuosos, se pelean y no obedecen. No te imaginas lo difícil que es mantenerlos sentados en su lugar. Se enojan si les dejas mucha tarea, constantemente se distraen con otras cosas y si les pides que las guarden en sus mochilas, no lo hacen. Cuando les dices que si no lo hacen se las vas a recoger, te contestan que son de ellos y no se las puedes quitar. No aceptan dártelas pero tampoco las guardan en su mochila. Los niños agreden y se burlan de sus maestros y de sus compañeros. Se levantan de su lugar sin pedir permiso y distraen a sus compañeros. Cuando les pides que tomen asiento, se voltean y hacen como si no te escucharan. Después de que se los pides más de tres veces con voz firme, se voltean, te ven de reojo y te dicen "ya voy" y caminan lentamente, distrayéndose con algo más en el trayecto hacia su lugar. Lo peor de todo es que ya no les podemos decir, como antes, que si su mal comportamiento persiste, mandaremos llamar a sus papás porque su respuesta es con frecuencia alguna de las siguientes:

• Al fin que mis papás nunca me castigan, sólo hablan conmigo y me dicen que no lo vuelva a hacer y ya.
• De todas formas mi mamá siempre me cree más a mí.
• Pues mi mamá no tiene tiempo de venir y si le llama lo que va a pasar es que se va a enojar con usted.

• Mi mamá dice que usted no es una buena maestra. Ya me revisó mis libros y ya se dio cuenta que nos enseña muy mal.
• Pues yo le voy a decir que usted siempre nos grita.
• Es que mi mamá ya no está a gusto con esta escuela. Dice que si la vuelven a llamar ahora sí me va a cambiar de escuela.
• Yo creo que ahora sí mi mamá se va a enojar con usted por... (alguna de las razones arriba mencionadas), pero si quiere llámela.

En realidad Paty, continuó diciéndome esta atractiva mujer, casi no llamamos a los papás porque desgraciadamente lo que los niños dicen es verdad. Si los llamáramos cada vez que su hijo tuviese un mal comportamiento, equivalente a alguno que en la generación de los papás de estos niños hubiera sido causa para llamar a sus padres, entonces tendríamos que llamarlos a casi todos por lo menos una vez a la semana. Por eso sólo los llamamos cuando de plano el mal comportamiento del niño lo consideramos un caso severo, y aun así los padres en muchas ocasiones adoptan una actitud un tanto defensiva o tratan de justificar la conducta de sus hijos.

He de confesar que lo que escuché de labios de esta experimentada mujer me resultó, en un principio, un poco insólito. Incluso pasó por mi mente creer que tal vez lo que sucedía era que, como ella era una persona mayor, posiblemente ya no tenía la misma paciencia para tratar con los niños. Para mí era lo más fácil de creer, después de todo nunca he sido maestra de primaria o secundaria, mi experiencia docente se limita a tres años como maestra de tiempo completo de jóvenes universitarios. Sé que los niños de ahora tienen fuertes problemas con los límites, como lo menciono en las conferencias que doy. También sé que es muy baja su tolerancia a la frustración, que son más irrespetuosos y agresivos. ¿Por qué entonces me impactó tanto saber el comportamiento de los niños en el aula? No podía dejar de pensar en todo esto por lo que decidí ampliar mi marco de referencia, y me di a la tarea de entrevistar a varias profesoras de primaria y secundaria para saber su opinión al respecto.

En total entrevisté a 14 maestras, de 25 a 60 años de edad y de 1 a 42 años de experiencia docente. Todas ellas son personas que han asistido a mis conferencias porque desean encontrar, desesperadamente, la mejor forma de lidiar con los niños. Las entrevistas para mí fueron muy reveladoras porque me encontré con personas cuyo panorama era todavía más desalentador. Sin embargo, las coincidencias fueron sorprendentes. A continuación menciono los puntos donde hubo mayor número de coincidencias:

• Los niños no nos escuchan ni nos hacen caso. No importa cuántas veces les digas algo, "te mandan por un tubo".
• Cada día es mayor el número de niños que no entienden de límites ni te hace caso.
• Aun los niños que normalmente se portan bien, si están enojados, te gritan y contestan mal.
• Se quejan de todo, ya nada les gusta y se aburren fácilmente.
• Muchos niños se quejan en forma grosera cuando vamos a trabajar en alguna materia que no les gusta, cierran su libro mencionando que es muy aburrido y dicen que ellos no lo van a hacer y no lo hacen.
• Cuando les llamas la atención y les dices que vas a mandar a llamar a sus papás no les importa, ya que siempre se sienten apoyados por aquéllos. Argumentan que de todas formas nunca los castigan o que sus papás les creen más a ellos que a nosotros, los profesores.

• Los niños tienden a retarnos o a amenazarnos si les llamamos la atención, muchas veces sus amenazas involucran la seguridad del apoyo de sus padres (por las razones que mencionó la primera maestra).

• Cada vez que enviamos un reporte de mala conducta o llamamos a los papás para que nos apoyen con respecto al comportamiento de sus hijos, topamos con pared. Los niños manipulan los hechos a su favor ante los papás de tal forma que, cuando éstos se presentan con nosotros, ya vienen predispuestos y sólo buscan justificar la conducta de sus hijos. Algunas veces hasta son agresivos con nosotras.

• Nos hemos percatado de que, justamente los niños que se sienten apoyados por sus padres o que argumentan que no los regañan, son los que tienen más problemas con los límites.

• La mayoría de los papás creen que sus hijos son unos santos o que tenían razón para comportarse de la manera que motivó que se les llamara.

Otro aspecto importante que me comentaron muchas maestras, es que generalmente no comunican a la Dirección de la escuela los graves problemas que tienen con los niños, por miedo de ser consideradas "malas maestras" al no poder controlar a los niños, porque no se dan cuenta de que la mayoría de los profesores están en la misma circunstancia.

Después de entrevistar a las profesoras, quise saber qué estaba pasando con los padres. Después de todo, las quejas de los maestros siempre involucraban a los papás de los alumnos. Entrevisté a varios papás y mamás de niños de primaria y secundaria preguntándoles qué hacían cuando les enviaban un reporte de mala conducta de su hijo(a) en la escuela o los mandaban llamar. Las respuestas fueron las siguientes:

• Ya me explicó mi hijo que lo que pasa es que esa maestra tiene muy mal carácter, se enoja por todo.

• Lo que pasa es que esa *miss* no les cae bien a todos los niños de su salón.

• Ya me dijo mi hijo que todos los niños se estaban portando mal pero él tuvo la mala suerte de que fue al único que la maestra vio. De todas formas ya le dije que no lo vuelva a hacer.

• Ya me dijo mi hijo que le pegó a su compañero porque éste siempre lo está molestando. Claro que eso nunca lo vio la maestra, ella sólo vio cuando mi hijo le pegó al niño y por eso me mandaron llamar, pero mi pobre hijo lleva meses soportando a ese otro niño.

• Lo que pasa es que en esa escuela son muy exagerados, por cualquier cosa te mandan llamar.

• Ya me comentó mi hijo que no se burló de la maestra, lo que pasa es que ella se equivocó en la suma y mi pobre hijo lo único que hizo fue corregirla y por eso se enojó. Los profesores no deberían enojarse porque los alumnos los corrijan. Bueno, ni modo.

• Mi hijo me confesó que no es que no haya querido trabajar, lo que pasa es que se sentía mal, le dolía el estómago y la maestra a fuerza quería que trabajara.

• Lo que pasa es que esa maestra la trae contra mi hijo. Yo ya pedí en la escuela que cambien a mi hijo de salón.

• Ya me dijo Carlitos que él no fue el que gritó las groserías. Lo que pasa es que en ese momento la maestra volteó y lo vio a él y por eso ella pensó que fue mi hijo. Pero él no fue.

• Ya hablé con mi hijo, le expliqué que no se debe comportar así.

• Ya volví a hablar con mi hijo. Le pedí que por favor ya se portara bien porque no podía estar viniendo cada semana a hablar con sus maestras, tengo mucho trabajo.

• Yo sé que mi hijo fue grosero con la maestra pero ella le gritó primero. Si quiere que mi hijo la respete, ella también tiene que poner de su parte.

Curiosamente a estas mismas mamás que entrevisté, al preguntarles cómo se comportaba su hijo(a) en casa, obtuve la siguiente respuesta:

• Últimamente ha estado muy rebelde. No me quiere hacer caso.
• Constantemente está de mal humor. Cada vez que le pido algo me contesta: "ya voy" o "ya te oí", pero no lo hace.
• Me he dado cuenta que me miente en muchos temas. Por ejemplo, me dice que ya hizo la tarea y no la ha hecho.
• Últimamente le ha dado por contestarme muy mal. No sé qué le está pasando.
• Tengo que decirle como diez veces las cosas para que las haga porque si no no las hace, y cuando las hace, las hace de malas.
• Tiene todo su cuarto tirado, nunca lo quiere recoger.
• Lo único que quiere es estar con los videojuegos.
• Últimamente ha estado diciendo muchas groserías. Antes no era así, yo creo que en la escuela lo están perjudicando.
• De todo se enoja.
• Nada le gusta, se aburre con todo.
• Me ha estado sacando muy malas calificaciones. Ya hablé con la maestra para ver qué podemos hacer.
• Se pelea mucho con su hermano/primo, ya no quiere jugar con él.

Me pareció increíble observar cómo las quejas entre profesores y padres de familia con respecto al comportamiento de los niños, eran muy similares. ¿Por qué entonces a los padres les parece tan sorprendente creer que ese mismo comportamiento lo pueden tener sus hijos en la escuela, o en cualquier otro medio en el que se encuentren? ¿Qué es lo que no desean ver? De hecho, tomando en cuenta que los padres sí tienen capacidad de regañar o castigar a sus hijos mientras que los maestros no, me parece acertado pensar que dichos niños pueden tener un comportamiento aun peor con sus maestras, a consecuencia de ese hecho.

Los niños tienen la capacidad y la inteligencia necesarias para manipular situaciones, de tener un comportamiento cínico y tirano hacia los demás. Pero, ¿por qué siendo niños, han adquirido esa forma de ser?, ¿qué los orilla a manifestar este comportamiento?, ¿se puede cambiar esta forma de ser y de pensar?, ¿qué consecuencias tiene para los niños mantener esa conducta?, ¿qué podemos hacer nosotros como padres de familia?

Este preocupante comportamiento actual en los niños y el hecho de que cada día se manifiesta en un mayor número de niños y con más intensidad, tiene una razón de ser, la cual explicaré en la introducción de este libro. Lo importante ahora es que sepas que se puede cambiar, que tú, mamá o tú papá, lo puedes cambiar. En las páginas que siguen presentaré la forma de lograr dichos cambios.

Introducción:
Cambios generacionales en la educación

Al platicar con padres de familia, he observado cómo muchos de ellos tienen cierto sentimiento de culpa por no alcanzar sus expectativas educativas en sus hijos. Uno de ellos, preocupado, me preguntó cierto día: "¿Qué está pasando con nuestros hijos? ¿En qué nos estamos equivocando como padres?" Luego, en son de broma, agregó: "¿A quién o a qué podemos echarle la culpa?"

En realidad aquello que me dijo de broma encerraba una gran verdad. Si me pongo a pensar, yo conozco a la mayoría de los padres y madres que entrevisté y que menciono en el prólogo, y de los cuales puedo afirmar que son buenas personas y desean ser buenos padres. ¿Por qué entonces no alcanzamos nuestros objetivos o deseos educacionales? ¿Por qué muchos padres sienten que sus hijos están fuera de control y no saben qué hacer? Muchas de las respuestas se encuentran en nuestra historia, es decir, en los cambios generacionales que se han dado en la educación y los cuales tienen gran fundamento.

En su libro *Padres obedientes, hijos tiranos*, Evelyn Prado de Amaya y Jesús Amaya Guerra, explican cómo la educación de cada generación es el resultado de la forma en que sus padres fueron educados y las circunstancias en que vivieron. Describen la educación que recibieron las últimas tres generaciones y la consecuencia de ésta en la educación de sus hijos de la siguiente forma:

"La primera es la generación de personas nacidas entre 1935 y 1950, la cual vivió una disciplina estricta y procreó seres obedientes, incapaces de cuestionar decisiones, tanto en el área laboral como en el seno familiar. En la familia, los hijos siempre obedecían y respetaban tanto a los padres como a los abuelos y tíos."

La segunda generación, a la que los autores llaman "la generación de padres obedientes" que está conformada por personas nacidas entre 1951 y 1984, creció en una época de rebeldía con respecto a las reglas, con la televisión, la liberación femenina y el gran impacto de la información y la tecnología. Durante su niñez, estos padres obedientes vivieron la autoridad absoluta en un ambiente regido por reglas, mandatos y límites, donde había ciertas carencias materiales y tardanza en satisfacer sus necesidades y a veces nunca las podían saciar. Así, esta generación de padres realiza hoy hasta lo imposible para que sus hijos no experimenten lo que ellos vivieron de pequeños. Por ello, evitan ser vistos como autoridad y se autodefinen como amigos y compañeros; eluden imponer reglas y normas, pues afirman que en la libertad está el crecimiento maduro y pleno; evitan la privación porque creen que esto produce baja autoestima y tratan, por todos los medios, que sus hijos no sufran la demora en el acceso a satisfactores porque piensan que ello es causa de frustración. En esta generación, cuando eran pequeños, obedecían a sus padres y a las demás personas adultas, como familiares cercanos y profesores. Ahora que son padres, obedecen y se someten al mínimo capricho de sus hijos.

La tercera generación, a la que los autores llaman "generación de hijos tiranos", comienza con los nacidos a partir de 1985. Los hogares de estos niños ya no tienen, necesariamente la forma tradicional de familia nuclear, es decir, aquella conformada por padre, madre e hijos; ahora, por lo general, ambos padres trabajan, o bien la cabeza de familia la conforman padres o madres solteros, divorciados o separados. Esta generación se caracteriza por niños que esperan ser guiados pero no supervisados u obligados a obedecer, pues consideran la vida como algo que debe disfrutarse a cada momento y que lo que realicen requiera el mínimo esfuerzo. Su tendencia es fundamentalmente hedonista, es decir, que busca el placer y la comodidad. Los niños que crecen bajo este rubro difícilmente pueden ponerse en el lugar de otra persona y, en consecuencia, son insensibles, egoístas, demandantes, individualistas, faltos de compasión y violentos.

Estos autores, como muchos otros, dejan ver cómo el problema de la educación actual, en gran medida, es un problema generacional. Explican por qué, en la segunda generación, de acuerdo a sus vivencias, las personas generaron conceptos mentales y emocionales que los hacen ser ahora padres permisivos. Mi primera pregunta al respecto es si estos padres se imaginaron el impacto que dicha permisividad tendría en sus hijos, o si lo que esperaban era criar hijos con todas las características ineludibles de los niños de la tercera generación.

Yo creo que ningún padre o madre desea que sus hijos sean insensibles, egoístas, demandantes, faltos de compasión, individualistas, caprichosos y violentos. Después de todo personas así terminan sufriendo mucho ya que nunca están satisfechos con nada en la vida, ni pueden establecer relaciones sanas con los demás, y ningún padre desea que sus hijos sufran. No obstante, no podemos eludir la realidad: entre más "padres buenos" desean ser, más permisivos se vuelven y terminan siendo más "padres malos", en pos de los resultados. Existen diferentes razones personales para ser padres permisivos. La autora Rosa María Barocio en su libro *Disciplina con amor*, menciona varias razones y formas de padres permisivos, las cuales considero muy reveladoras:

Los padres permisivos delegan su responsabilidad en los hijos para evitar conflicto o por miedo a imponerse y parecer autoritarios. Quieren complacerlos y tenerlos contentos y más que nada temen perder su cariño. Creen que es su obligación convencerlos para que cambien de opinión y dan largas explicaciones que muchas veces terminan en súplicas y ruegos. Para el niño es claro quién tiene el poder y quién toma finalmente las decisiones. Los padres permisivos viven con un fantasma que los persigue: el temor a perder el amor de sus hijos. Los padres de la generación pasada no conocían este miedo. Tenían muy claro que su tarea no era complacer ni dar gusto, sino educar. Aunque su visión de educación era muy limitada, el miedo a perder el cariño de sus hijos no los atormentaba. Los padres de hoy viven algo muy distinto. Pareciera como que tienen un vacío emocional que necesitan llenar con el amor que reciben de sus hijos. Como si este amor les diera una razón de ser, de existir. Pero este amor, contaminado de miedo, los vuelve dependientes y temerosos, los detiene y los hace titubear cuando es necesario contradecir o limitar. Una de las principales razones por las cuales se da este hecho, es que en la actualidad las familias tienen menos hijos, por lo que centran su atención, se focaliza y por lo tanto se convierte en una atención individualizada. Otra razón importante, es que cada día existe un mayor número de padres divorciados quienes compiten para obtener la mayor atención y cariño de sus hijos. Todo esto ocasiona que la paternidad se vea menos como una responsabilidad y más como un derecho y complemento existencial.

El padre permisivo es un ejemplo del padre que abandona a sus hijos. Físicamente puede estar presente, pero como no toma su papel de adulto sino que deja que el hijo haga lo que le venga en gana, en realidad lo está abandonando.

El abandono no es físico pero si emocional. El padre permisivo arguye que está "respetando" al niño cuando en realidad adopta una posición muy cómoda: se está lavando las manos, está abdicando como padre y abandona al niño a sus propios recursos. Algunas de las características más comunes de los padres permisivos son las siguientes:

• Mienten para proteger a su hijo cuando éste no hace la tarea o no cumple con sus obligaciones, lo disculpan si falta al respeto a sus compañeros o lo justifican buscando un tercer culpable. En la escuela ignoran las llamadas de atención de los maestros y con el apoyo de los padres, los alumnos van adquiriendo cada vez más fuerza y los maestros pierden su lugar. Las actitudes de los padres contagian a los hijos. Si los hijos dudan de sus maestros, pero los padres confían, los padres ubican a su hijo. Pero si los padres dudan de los maestros, ¿dónde queda la autoridad del maestro? ¿Qué puede aprender un alumno de un maestro en el que no confía? Cuando un alumno escucha a sus padres decir que el maestro no es bueno o que es un inepto, ¿qué respeto le puede tener al día siguiente en las clases? Cuando minimizamos la autoridad del maestro, minamos para el niño el respeto a la autoridad en general. El niño se vuelve prepotente, grosero y cínico. Los maestros dejan de ser maestros, para convertirse en cuidadores a su servicio.

• Cuando piensan que las cosas se han salido demasiado de control, recurren al autoritarismo para poner orden. Primero permiten que sus hijos hagan lo que deseen, pero cuando éstos se exceden, los padres se irritan, les gritan y recurren a la nalgada. Al día siguiente les vuelven a permitir todo, hasta que no aguantan más y les vuelven a gritar y a castigar. Es decir, empiezan siendo permisivos, después se vuelven autoritarios, y cuando se sienten culpables de ser tan estrictos, regresan nuevamente a ser permisivos.

Los hijos de estos padres viven a la expectativa sin saber qué esperar de ellos, pues en un momento les dan total libertad y en otro se vuelven exigentes.

• Sobreprotegen a sus hijos y quieren hacer por sus hijos lo que éstos pueden hacer por sí mismos. La causa principal de la sobreprotección, es que los padres suelen confundirla con el amor. El padre sobreprotector mata el instinto natural que tiene todo hijo de querer crecer y ser independiente. El niño sano intenta una y otra vez hacer las cosas solo, pero las constantes intromisiones y regaños de un adulto más fuerte que él, terminan por acabar con ese interés natural. Ante esto, el niño sucumbe y se convierte en flojo, matando así su voluntad. Ante la falta de voluntad, al igual que un adulto que carezca de ella, el niño se vuelve desganado, dependiente e inútil. Se acobarda con facilidad y pierde la confianza en sí mismo. La autoconfianza es el resultado de estarse constantemente afirmando por medio de sus logros. Pero el niño que no tiene la posibilidad de experimentar el éxito, de probarse a sí mismo de lo que es capaz de hacer, necesita siempre apoyarse en el adulto para que le resuelva sus problemas; termina convenciéndose de su falta de valor y de aptitud.

• Intervienen en las relaciones personales de sus hijos, quitándoles así la oportunidad de aprender a relacionarse. Los niños tienen que aprender que hay situaciones agradables y situaciones desagradables en la vida, que a veces surgen conflictos y que hay que aprender a resolverlos. Cada interacción es un momento para aprovechar. Así, el niño puede aprender con quién meterse y a quién tiene que evitar. En vez de resolver sus conflictos y problemas hay que enseñarles a que los resuelvan solos.

• Tienen todo tipo de miedos con relación a sus hijos: a que se lastimen, a que sufran, a que se enfermen, a que fracasen, a que sean infelices. Es natural que los padres tengan estos miedos; pero si permiten que invadan sus vidas y no sean pasajeros, entonces empiezan a contaminar el amor por sus hijos y se precipitan en la sobreprotección. Cuando proyectamos nuestros miedos y temores en nuestros hijos, les arruinamos la vida. Imaginamos peligros absurdos y los defendemos de monstruos inexistentes. En nombre del amor que les tenemos, no les permitimos vivir ni disfrutar. Crecen atemorizados, a veces sin saber por qué.

• En la casa, todo lo de los padres es de los hijos y el niño se siente con libertad de invadir cualquier espacio sin límite alguno. Cuando los padres tienen claro su lugar y el de los hijos, puede haber esta flexibilidad y veremos que no hay problema. Si realmente queremos a nuestros hijos, tenemos siempre que desearles el mayor bien, el bien más elevado. Este bien tiene que estar por encima de nuestros gustos o placeres personales, de nuestros miedos, resentimientos o culpas. Tenemos que depurar nuestro amor de esos contaminantes para darles un amor más puro que los sostenga y los ayude a crecer libres, para que afirmen su propia individualidad y encuentren su propio destino. Si elijo cambiar esta situación, me debe quedar claro que la decisión no le corresponde al niño. Esta decisión es de los padres, pues sólo ellos pueden elegir lo que más le conviene. Por lo tanto, no es cuestión de suplicar, rogar o convencerlo. Cuando un padre suplica o ruega al niño por algo, es claro que está perdiendo su lugar de adulto al entregarle la responsabilidad al hijo.

En resumen, la sobreprotección surge del amor que tenemos a nuestros hijos, pero es un amor contaminado de miedo, control, arrogancia, autoimportancia y desconfianza.

El mensaje de la sobreprotección es aterrador pues asfixia el natural desarrollo del hijo, pero siempre disfrazado de amor y preocupación por los hijos. La sobreprotección así enmascarada, no es otra cosa sino el deseo de controlar a los hijos. El padre controlador quiere decidir quiénes deben ser los amigos de su hijo, cómo debe vestirse, cómo debe comportarse, qué debe estudiar y cuáles deben ser sus aficiones y, al hacerlo, termina aniquilando su individualidad. Cuando controlamos a los hijos, los condenamos a quedarse permanentemente inmaduros. ¿Qué ser humano se puede desarrollar plenamente si no tiene la libertad de elegir? ¿Si no puede tomar sus propias decisiones y responsabilizarse de las consecuencias? En vez de controlar, tenemos que aprender a confiar en nosotros mismos y enseñar a nuestros hijos a que confíen en ellos mismos.

El verdadero amor de los hijos por sus padres surge del respeto que sienten por éstos; respeto que los padres ganan si son firmes y si apoyan a sus hijos en lo que piensen que es correcto.

Es importante comprender que el amor siempre viene acompañado del miedo a la pérdida, eso es indudable. Entre más queremos, más miedo tenemos de perder el objeto de nuestro amor. Entre mayor es el amor, mayor es el temor. No debemos permitir que este miedo contamine nuestro amor que nos lleve a complacer en vez de educar, y en ello no podemos flaquear. Tenemos que escoger entre recibir de nuestros hijos un amor manipulador o un amor basado en el respeto. El primero tiene como amigos la dependencia, el capricho, la culpa y el chantaje. El segundo la libertad, la responsabilidad, la congruencia y la integridad.

Después de haber leído los puntos anteriores, te recomiendo que si te sentiste identificado con alguna actitud permisiva, te esfuerces por cambiarla. Durante el transcurso de mi vida, cuando asistía a cursos para padres, recuerdo que al platicar con algunas mamás al respecto, muchas de ellas vertían opiniones como:

• Se me hace un poco exagerado todo lo que dijo el instructor.

• Ya me di cuenta que no estoy tan mal, cumplo con el 70 por ciento de las cosas que menciona el instructor; creo que vivir sin ese 30 por ciento no debe ser perjudicial.

• Todo lo que te dicen es para papás que quieren ser perfectos, ¡qué flojera!

• Creo que voy a cambiar algunas cosas, pero sólo algunas ya que las otras se me hacen muy difíciles de cumplir.

• El instructor mencionó ideas interesantes, pero ¡no conoce a mis hijos!

• No siempre se puede poner en práctica todo lo que te dicen.

• Creo que lo que nos dicen es muy importante pero, ¿cómo llevarlo a la práctica?

La verdad es que esta actitud derrotista es la que ha permitido que sigamos dejando el control en manos de nuestros hijos, sin darnos cuenta de que entre más tiempo dejemos pasar más difícil será volver a ser la cabeza. ¡No permitas que eso te suceda! Es verdad que no es fácil y que requiere de mucho esfuerzo, perseverancia, disciplina y fuerza de voluntad, pero nunca es tarde para empezar. Recuerdo una vez que di una conferencia a padres y madres de niños de secundaria; muchos estaban sorprendidos al darse cuenta de las numerosas equivocaciones que habían cometido en la educación de sus hijos. Sabiendo que entre más grandes son los hijos es más difícil corregir los errores, muchos de ellos, con angustia, me preguntaban: ¿Qué puedo hacer ahora? ¡Ojalá y todo esto que me dices lo hubiese sabido antes!

Me he percatado que, una vez que los padres toman conciencia del camino que deben seguir para educar a sus hijos, no saben cómo hacerlo ni por dónde empezar. Después de todo no es fácil cambiar de un día para otro toda nuestra estructura mental y emocional, además de que no es lo mismo darnos cuenta de ello cuando nuestros hijos tienen entre dos y siete años, cuando tienen entre ocho y 13 o cuando tienen entre 14 y 19 años. Es verdad que entre mayor edad tengan nuestros hijos, el cambio se torna más difícil. El objetivo de este libro es que sepas que, aunque efectivamente es más difícil si son mayores los hijos, dicho cambio se puede realizar a cualquier edad, y que sepas cómo hacerlo de acuerdo a las vivencias que hayas tenido con tus hijos, lo que explico utilizando pertinentes ejemplos.

El primer paso para cambiar nuestra forma de educar es disponernos convencidamente a "romper paradigmas", esto es, a cambiar desde nuestra estructura interior. En mi primer libro, *Pequeños emocionalmente grandes*, escribí sobre los diferentes tipos de educación y mencioné cómo nuestras emociones intervienen en cada una de ellas. Te recomiendo que lo leas y te concentres en el cuarto tipo de educación, que es la "educación de conciencia" y apliques después todo lo concerniente mencionado en el libro, para el logro de esta educación.

Lo contrario de "educación permisiva" es "educación con límites", por tal motivo el contenido de este libro corresponde a este último tema. Los límites son las reglas que le permiten al niño adaptarse a la vida familiar y social, tienen la función de preservar la seguridad del niño y de evitar que su conducta afecte de forma negativa a los demás, dándole confianza y seguridad para actuar y relacionarse socialmente pues le facilitan conocer lo que los otros aceptan o no; esto es, son señales que le indican lo que debe y no debe hacer. El niño, al conocer sus propios límites, comprende la importancia de su seguridad física y la de los demás, asimila el significado de los valores como el orden, la limpieza, el respeto a uno mismo y a los otros.

Un aspecto importante de la educación con límites,

además de los ya mencionados, es que los niños aprenden también a poner limitantes, lo cual les ayuda a que de grandes se den cuenta cuándo están siendo maltratados o abusados. Las personas que no conocen medidas no se dan cuenta de que están siendo abusadas física, emocional o intelectualmente; toleran relaciones abusivas porque no han establecido límites en su comportamiento o en el de los demás. Al ponerles límites a los hijos les estamos enseñando a ponerse límites ellos mismos (autorregularse) y a los demás, desde que son pequeños.

Para entender mejor todo lo relacionado con los límites, los divido en dos grupos: los que llamo "de acción" y los que llamo "de convicción". Los primeros tienen que ver con lo que imponemos a las acciones de nuestros hijos, lo que permitimos y lo que no permitimos y, por último, cuándo, cómo y por qué decirles "sí" y cuándo, cómo y por qué decirles "no". Los segundos límites tienen que ver con las ideas, pensamientos, emociones y convicciones que transmitimos e inculcamos a nuestros hijos.

He de subrayar que no importa qué tan exigentes podamos ser en cuanto a la imposición de los límites de acción; si no utilizamos los límites de convicción, el resultado será nulo, ya que no se trata de que nuestros hijos hagan o dejen de hacer las cosas sólo por exigencias o miedo a las consecuencias. De la misma forma, y puesto que desafortunadamente en los tiempos actuales los niños reciben tanta influencia negativa que su vida se ha convertido en la búsqueda del hedonismo y satisfacer su egoísmo y materialismo, educar sólo con límites de convicción ya no es suficiente: los niños caen en el famoso "al fin que mis papás a mí nunca me regañan, sólo hablan conmigo y ya, por lo tanto puedo hacer lo que yo quiera". Es necesario que exista un equilibrio entre estos dos tipos de límites. Cuando nuestros hijos son pequeños, los límites de acción prevalecen sobre los de convicción; a medida que los niños crecen incorporamos tanto los de convicción con los de acción; de hecho, en esta etapa de vida, los límites de convicción son los que nos permiten lograr que nuestros hijos "hagan caso" de los "sí" y de los "no" que les marcamos en los límites de acción. El objetivo es que poco a poco, los límites de convicción vayan ganando terreno hasta eliminar a los de acción. Por ello, es necesario que exista un equilibrio entre ambos tipos de límites. Los padres que los ponen en práctica desde que sus hijos son pequeños, obtienen excelentes resultados. A continuación abordaremos la parte medular del libro formada por dos secciones: los "Limites de acción" y los "Límites de convicción".

Primera parte: Límites de acción

Estos límites tienen que ver con lo que nuestros hijos hacen cotidianamente. Ya vimos que en nuestros días literalmente "los niños hacen lo que quieren". Hacen lo que quieren en la escuela, la tarea a la hora que quieren o sólo cuando quieren, se bañan cuando quieren, comen lo que quieren, pasan su tiempo libre en la actividad que quieren, ven los programas de televisión que quieren, se acuestan a la hora que quieren, obtienen de sus padres el dinero y las cosas que quieren, van a donde quieren y compran lo que quieren, en resumen, tienen el control de su educación.

Lo que buscamos aquí es que los padres vuelvan a tomar el control de la educación, esto es, que a los niños les inculquemos los valores de la obediencia y la disciplina ayudándoles a adquirir hábitos saludables: que hagan la tarea todos los días a la misma hora y en el mismo lugar, que se bañen, que tengan un horario para acostarse, que aprendan a comer nutritivamente, que sólo vean televisión el tiempo que nosotros marquemos y los programas que elijamos; que tengan restringidos determinados juguetes como los videojuegos y otros que son perjudiciales, que cumplan con las tareas domésticas que les asignemos y sin repelar. En resumen, que los padres dirijan las acciones de sus hijos. Una vez que se logran inculcar los valores de la obediencia y la disciplina a los hijos cuando éstos son niños, poco a poco se transforman en responsabilidad, de tal modo que en la adolescencia buscan autorregularse y cumplir acciones como la hora de llegar a la casa, avisar a dónde y con quién van, cumplir con sus obligaciones escolares, domésticas y con la sociedad.

La disciplina y la obediencia, constituyen la forma como el niño aprende —y una manera de enseñar de los padres— las conductas más productivas y satisfactorias para él y para las personas que le rodean. Disciplinar al niño quiere decir fijar límites a su conducta y establecer reglas de convivencia. La disciplina es un proyecto de enseñanza a largo plazo. Durante los años que van de la infancia a la adolescencia, el niño necesita la autoridad, el amor y el ejemplo de sus padres para orientarse en su camino hacia la autonomía.

Una de las primeras cosas que hay que saber es que la mejor forma de aplicar límites es utilizando una voz firme pero amorosa; no es necesario gritar, tampoco se deben mostrar emociones como enojo, ira o ruego, ya que eso hace pensar a nuestros hijos que los mandamos porque estamos descontrolados. Cuando les pedimos algo con tranquilidad pero con mucha firmeza, ellos entenderán cuál es su posición.

A continuación transcribo ejemplos prácticos para las diferentes edades de los niños y adolescentes, dividiéndolos por etapas. Para cada etapa establezco los objetivos en cuanto a los límites que se desean alcanzar. Para que éstos puedan ser aplicados por cualquier padre o madre y en cualquier edad de sus hijos, en cada etapa supongo que los niños no han alcanzado ninguno de los objetivos de las etapas anteriores. Esto es, si tu hijo tiene de uno a tres años y cumples con los límites fijados como objetivo de esta etapa, basta con que los sigas y te ahorrarás muchos años de angustia y sufrimiento con respecto al establecimiento de límites. Sin embargo, si tu hijo tiene 14 años, entonces en los límites fijados como objetivos de esta etapa, hago la suposición de que no se han alcanzado ninguno de los objetivos de las etapas anteriores y a partir de ahí comienzo. Esto lo realizo principalmente para aquellas madres afligidas porque sus hijos ya son adolescentes y no encuentran la forma de establecer límites.

Límites de 0 a 3 años de edad, primera etapa de vida

En esta etapa de vida de los infantes los límites que como padres debemos considerar, están enfocados principalmente a que el niño(a) aprenda el significado de la palabra "no", al manejo de los berrinches y al establecimiento de rutinas. En los primeros ocho meses de edad, el bebé no requiere de disciplina y sí que le establezcamos rutinas de higiene, sueño y alimentación. El niño necesita aprender a poner orden en sus hábitos y horarios, y eso se logra más con nuestros cuidados que con disciplina.

La disciplina empieza la primera vez que el niño acerca la mano a un objeto prohibido o hace algo que sabe que no nos gusta y se asegura de que lo estamos mirando. Es claro que está pidiendo límites y necesita que le ayudemos a controlarse. Este tipo de comportamiento comienza con el gateo, alrededor de los ocho o nueve meses y se intensifica cuando el niño aprende a caminar. En esta etapa de vida, tampoco se deben dar muchas explicaciones ya que los niños todavía no tienen la capacidad de entender razones. Un "no" es suficiente; si el "no" provoca un berrinche en el niño, entonces procedemos a ignorar el berrinche pero sin consentir en lo que él quiere.

Entre uno y medio y los dos años de edad, es normal que los niños empiecen a hacer berrinches. También es normal que la etapa del berrinche dure sólo de seis meses a dos años como máximo. Los niños realizan sus primeros berrinches para expresar lo que desean ya que su lenguaje es todavía muy limitado. Es importante ayudar a nuestros hijos a superar esta etapa: si sabemos que es normal que pasen por ella, no debemos ser muy exigentes cuando los hagan, pero tampoco permitirles que con ello tomen el control. La mejor forma de lidiar con los berrinches es no consintiéndolos o ignorándolos, con ello estaremos ayudando a nuestros hijos a que aprendan a expresar lo que desean. A partir de esta edad, conviene acompañar la disciplina con una explicación, la cual deberá ser clara y concisa, como por ejemplo: "no toques eso porque está caliente y te quemas", "no le pegues a tu hermano porque le duele", "no cojas eso porque se te puede caer y se rompe", "vamos a la cama porque ya es la hora de dormir".

A partir de esta etapa de vida, es importante que permitamos al niño experimentar que toda acción tiene una consecuencia. Si los padres le permitimos vivir el efecto de lo que hace, es decir, la consecuencia natural de sus acciones, el niño aprenderá a controlarse. Se le llama consecuencia natural al efecto que se presenta, de forma lógica, después de determinada acción; por ejemplo: si un niño le pega a un amigo, como consecuencia natural éste le va a devolver el golpe; si el niño no se duerme temprano, va a estar cansado al día siguiente; si rompe su juguete porque está enojado, no va a tener con qué jugar. Si la consecuencia de su comportamiento resulta agradable, el niño va a repetirla; si le molesta, va a decidir hacer otra cosa. La condición es que no lo protejamos ni le impidamos conocer los efectos de su conducta. De hecho, la forma como los padres manejen este aspecto de la educación, es lo que me permite llamarles "padres buenos" o "padres malos", ya que las consecuencias en el desarrollo del niño pueden ser desde catastróficas hasta exitosas, dependiendo en qué punto nos situemos.

Para visualizar lo que he afirmado, expongo diferentes casos en los que se verá lo que hacen los "padres buenos" pero con consecuencias negativas y lo que hacen los "padres malos" pero con consecuencias positivas, todo ello relacionado con este aspecto de la educación de los hijos.

Caso 1. Juan es un bebé de un año y medio de edad. Desde que nació y hasta hace algunos meses, había sido motivo de fascinación para los papás ya que el bebé cada vez que veía a una persona le dedicaba una enorme sonrisa, nunca lloraba y siempre se le veía contento. "¡Qué lindo bebé!, ¡es encantador!, ¡tu hijo es maravilloso!", era lo que se escuchaba de todos los familiares y amigos. Hoy los papás acudieron a una reunión y su hijo, por primera vez, comenzó a hacer un berrinche a la hora de la comida, no quería lo que le estaban dando de comer ni quedarse donde lo estaban sentando. Inmediatamente los familiares intervienen: "Pobrecito, no le gusta lo que está comiendo. ¿Quieres que te traiga algo diferente para que le des de comer? Tengo jamón y queso". Veamos qué hicieron sus padres:

PADRES "BUENOS"

—Muchas gracias —dijeron los papás a los anfitriones—, yo creo que sí te lo voy a aceptar.

—Ya mi vida, ¿qué quieres? ¿Quieres sentarte en tu carriola?

—No —responde el niño llorando y haciendo berrinche.

—¿Entonces qué quieres?

—Quiero sentarme en tus piernas.

—Pero mamita también está comiendo.

—Quiero en tus piernas.

—Está bien, vente para acá —y lo sienta en sus piernas.

—¡No!, no quiero. Ahora quiero en las de papá —grita haciendo berrinche.

El papá lo toma en sus brazos, se lo sienta en sus piernas y le dice:

—¡Véngase mi hijo! ¡Él quiere estar con su papá! ¿Dónde está el jamón y queso para mi hijo?

—Ahora sí ya está contento el niño —concluyen los anfitriones.

Padres "malos"

—No, gracias —responde la mamá de Juan a sus anfitriones—. Mi vida, esto es lo que hay de comer, si no lo quieres comer entonces no vas a comer nada, mira pruébalo, está muy rico.

—No quiero —responde el niño llorando— y me quiero sentar en tus piernas.

—Bueno, si te quieres sentar en mis piernas primero tienes que dejar de hacer berrinche porque así no te voy a sentar.

—No quiero, y me quiero sentar en tus piernas —y sigue haciendo berrinche.

—¡Ay!, pobrecito, ¿por qué no lo sientas en tus piernas? —dicen los anfitriones.

—Porque debe aprender a que las cosas no se piden con berrinches.

—Pero está muy chiquito y se quiere sentar en tus piernas. No seas cruel con él.

—No es crueldad, es educación, lamento que ustedes no lo vean así pero no voy a cambiar de opinión. —Y el niño sigue llorando y haciendo berrinche.

—¡Me quiero sentar en tus piernas! ¡Sííí!

—Mira mi amor, no te voy a sentar en mis piernas mientras sigas llorando y como la mesa no es lugar para hacer berrinches porque molestas a los demás, ven, vamos a caminar hasta que se te pase. —La mamá se para de la mesa y camina con su hijo hasta que deja de llorar.

CONSECUENCIA EDUCATIVA DE LOS PADRES "BUENOS"

Juan aprendió a su año y medio de edad cómo tomar el control de sus padres, que con berrinches puede obtener todo lo que desee de sus padres, incluso que se sientan orgullosos de él. Asimismo, aprendió que puede captar toda la atención y compasión de los demás. La consecuencia de ello es que a partir de ese momento Juan empezará a pedir todo con berrinches y en caso de que los papás no lo complazcan, el berrinche será cada vez mayor. Cuando los papás satisfacen los berrinches de sus hijos, entonces esta etapa en lugar de durar uno o dos años, se prolonga hasta la adolescencia o adultez. ¿Conoces a algún adulto berrinchudo o caprichoso? Ahora ya sabes por qué es así. Los niños y adolescentes berrinchudos tienen la característica de que quieren que sus deseos se satisfagan instantáneamente y no toman en cuenta a nadie. Cuando no se les complace, se enojan, gritan, se vuelven groseros o hacen berrinches. Tanto siendo niños como adolescentes o adultos, sufren mucho pues tienen muy baja su tolerancia a la frustración además de que tienen dificultades para relacionarse, pues no se adaptan fácilmente a los juegos o actividades de los demás.

CONSECUENCIA EDUCATIVA DE LOS PADRES "MALOS"

Juan aprendió que hacer berrinche no sirve de nada; que su mamá es quien tiene el control y así seguirá siendo. Para este niño lo más seguro es que su periodo de berrinches dure muy poco tiempo puesto que sus padres supieron marcarle el alto desde el primer berrinche. Para esta mamá como para muchas otras, fue muy difícil decirle "no" al berrinche de su hijo ya que la presión social adversa puede ser, a veces, muy fuerte.

Es increíble cómo muchas veces dejamos de hacer lo que sabemos que es correcto por miedo a ser criticados o considerados padres "malos" o exigentes. Lo más incongruente del asunto es que aquellas mismas madres de la primera generación (ahora abuelas de nuestros hijos), quienes con sólo una mirada nos decían todo y lograban que nos comportáramos como esperaban, son las mismas que ahora nos dicen que somos demasiado exigentes con nuestros hijos o que corren a consentirlos cuando nosotros decimos "no", como si les estuviésemos agraviando. Lo que aquí se debe lograr es que ni tu deseo de ser siempre aceptado por tu hijo ni la presión social adversa influyan en tu decisión. Otra cosa importante con respecto a los berrinches, es saber que no aceptarlos no necesariamente significa rechazar lo que el niño pide. En este caso Juan quería que su mamá lo sentara en sus piernas. Su mamá no le dijo que no lo iba a sentar, sino que no lo haría mientras él lo pidiera haciendo berrinche. Educar con límites no significa que no podamos algunas veces cumplir los deseos de nuestros hijos. En este caso, el problema no era sentar a Juan o no en las piernas de su madre o su padre, sino el hecho de aceptar hacerlo por el berrinche del niño.

Caso 2. Luisa tiene casi tres años de edad. Es una niña de las que se definen "hiperactivas". Nunca se puede estar quieta en un solo lugar. Le gusta tomar todo lo que está a su alrededor, treparse en los muebles y correr de un lado a otro. En casa sus padres quitaron de su alcance todo aquello que se pudiera romper o con lo que se pudiera lastimar. Hoy tienen una comida familiar en casa de los primos. Conociendo a su hija, los papás se preparan cargando varios juguetes para que se distraiga. La casa de los primos es normal, con adornos en la mesa de centro de la sala. Los anfitriones dispusieron botanas para sus invitados. Desde que llegaron Luisa empieza a tomar todo lo que encuentra.

Padres "buenos"

—Luisa, no, eso no se coge —le dice su papá y le quita una figura de las manos, pero la niña la vuelve a tomar. El papá, sin decir nada, se la vuelve a quitar, lo que se repite tres veces hasta que le dice nuevamente: —No, esto no se puede coger.

Luisa continúa tomado todo lo de la mesa y media hora después la mamá interviene:

—Ya te dijo papá que no puedes tomar las cosas de la mesa, juega con los juguetes que te trajimos.

—No, no quiero —y comienza a saltar en el sillón de la sala.

—Luisa, bájate de ahí —le dice el papá—, ¿por qué no te vas a jugar al jardín?

—Porque no quiero, quiero quedarme aquí.

—Bueno —se conforma el papá— pero si te quedas aquí, no puedes estar saltando en los sillones.

—Está bien. —Luisa se espera tres minutos y cuando se da cuenta que nadie la está viendo, comienza nuevamente a saltar en los sillones hasta que tira un vaso de refresco.

—Te dije que no estuvieras saltando —le reclama el papá—. Mira lo que hiciste. ¿Estás bien?, ¿no te pasó nada? Déjame ver. No tienes nada, ahora salte a jugar.

—No, me quiero quedar aquí.

—Bueno —concede el papá—, pero ya no tires nada, ni saltes en los sillones, ¿de acuerdo?

—Sí.

Tres minutos después Luisa está nuevamente saltando en los sillones y tomando todas las cosas de la mesa, y se repite exactamente la misma escena.

PADRES "MALOS"

—A ver mi vida —le dice a la niña con claridad el papá—, ¿ves esto que está en esta mesa? Pues nada de esto puedes coger. Puedes jugar con los juguetes que trajimos o puedes salirte al jardín a jugar. ¿Qué quieres hacer?

—Quiero quedarme aquí.

—Bueno, pero si te quedas aquí no puedes coger nada; en el momento que tomes algo, te sales al jardín y ahí te quedas con tus juguetes. ¿Está claro?

—Sí.

Cinco minutos después Luisa comienza a coger las cosas de la mesa.

—A ver mi vida —le dice con firmeza el papá—, quedamos en que si tomabas algo te saldrías al jardín, ¿recuerdas? Bueno, pues toma tus juguetes porque te voy a llevar al jardín.

—No quiero ir al jardín.

—Eso debiste haberlo pensado antes de tomar las cosas de la mesa. Ahora, vamos al jardín, yo te acompaño.

—¡Nooo!

—¡Sííí!, vamos —el papá toma a Luisa de la mano y se la lleva al jardín con todos sus juguetes.

Consecuencia educativa de los padres "buenos"

Aparentemente los padres de Luisa son unos padres maravillosos: nunca la regañan y son superconsentidores. ¿Qué más puede pedir una niña como Luisa? Éste es el típico caso de la falta de límites en los niños, el cual comienza por los padres desde esta edad. Como consecuencia de ello Luisa será de esas típicas niñas que hacen lo que quieren, y "no hacen caso" a los papás, a los maestros ni a ninguna otra persona. Los papás nunca tendrán el control de su hija y la palabra "obedecer" nunca estará en su vocabulario.

Consecuencia educativa de los padres "malos"

Luisa entenderá el significado de la palabra "no", lo que es el inicio para que los niños adquieran el valor de la obediencia en la siguiente etapa de su vida. La consecuencia para los padres de Luisa es que enfrentarán menos problemas en la educación de su hija.

Para que los niños entiendan bien el significado del concepto "no", es importante que éste cumpla los cuatro aspectos siguientes:

• Que el niño tenga bien claro a qué se le está diciendo "no". En nuestro ejemplo, el primer papá inicialmente sólo le dijo "no" cuando Luisa tomó por primera vez algo de la mesa, después ya no le dijo nada y sólo le quitó de las manos lo que había tomado; en cambio, el segundo papá desde un principio le indicó a su hija que no podía coger nada de lo que estaba en la mesa.
• Que el niño conozca la consecuencia inmediata en caso de incumplir con el "no". Es importante que la consecuencia sea inmediata, ya que a esta edad el niño no tiene

noción ni del pasado ni del futuro, ésta se forma al uní-
sono con su crecimiento. En nuestro ejemplo, el primer
papá no indicó a su hija ninguna consecuencia en caso de
desacatar el "no", por lo tanto, ¿qué razón tendría entonces
la niña para dejar de tomar las cosas de la mesa y saltar en
los sillones? En cambio, el segundo papá hizo ver, desde un
principio, que si su hija incumplía, se saldría al jardín.

• Hacer que sufra la consecuencia desde la primera vez
que el niño incumpla el "no". En nuestro ejemplo, el primer papá no mencionó ninguna consecuencia por tomar
las cosas, saltar en los sillones y romper el vaso. ¿Qué razón tendría entonces la niña para hacer caso del siguiente
"no" que le marquen sus padres? En cambio, el segundo
papá aplicó la consecuencia desde el primer incumplimiento del "no" a su hija.

• Hablarles en forma tranquila, sin gritos ni enojo. Es importante no mostrar enojo al hacer efectiva la consecuencia, ya que de lo contrario el niño cree que la consecuencia
se debe a que sus padres están enojados o le malquieren
y no por haber desoído el "no". En nuestro ejemplo, el
padre se expresa en forma firme pero amorosa frente a
su hija. Asimismo, la acompaña tomándola de la mano.
(Muchas veces podemos acompañar a nuestros hijos en
el cumplimiento de la consecuencia por sus actos puesto
que con ello no se pierde el objetivo educativo.)

Otro aspecto importante que se debe mencionar en este
ejemplo, es el hecho de que los padres "buenos" de Luisa,
al saber que era muy inquieta, pusieron fuera del alcance
de la niña todo aquello que se pudiera romper o lastimar-
la, eliminando con ello toda posibilidad de entrenarla a
obedecer las indicaciones de no coger las cosas en una
situación particular. Para evitar ser sobreprotectores, debemos combatir nuestros miedos para que nuestros hijos
aprendan por sí mismos a enfrentar cualquier situación.

Límites de 3 a 6 años de edad, segunda etapa de vida

En esta etapa de vida del niño, como en las siguientes, el aspecto en el que debemos hacer énfasises es en el de la obediencia, porque con éste se logran establecer los límites necesarios; lo que varía entre una etapa y otra es la forma de lograrlo, ya que no es lo mismo tratar de inculcar la obediencia a los cuatro años de edad que a los 12, por ejemplo. Si logramos que el niño adquiera este valor durante esta etapa, educarlo será mucho más fácil para nosotros. La obediencia no es lo mismo que aprender el significado del concepto "no" de la etapa anterior; es mucho más extensa pues además incluye acciones con las que deseamos que nuestros hijos cumplan. La obediencia se logra inculcar siempre y cuando actuemos con consistencia, es decir, utilizar siempre el "no" para las mismas acciones y en las mismas circunstancias; no sucumbir ante la insistencia de nuestros hijos para cambiar el "no" por el "sí" y crear un hábito para aquellas acciones que deseamos que cumplan. En la primera etapa de vida, los padres deben marcar el "no" en cada momento ya que el niño no puede recordar lo que está permitido y lo que no; sin embargo, a partir de los tres años de edad, el niño empieza a tener conciencia y recuerda y sabe lo que no está permitido.

En cuanto a las acciones a las que debemos poner especial énfasis en esta etapa, son las relacionadas con el orden y la formación de hábitos: bañarse solos, sacar y guardar su ropa , vestirse y desvestirse sin ayuda, recoger sus juguetes y guardarlos, retirar su plato (de plástico) de la mesa y ponerlo en el fregadero, lavarse los dientes con supervisión de un adulto, dar de comer a la mascota, poner y quitar la mesa (sólo los utensilios de plástico), acostarse y levantarse a la hora indicada, mantener su mochila limpia y con sus cuadernos en buen estado, ordenar su cuarto, comerse todo lo que le pongan de almuerzo y todo lo que le den en el desayuno, comida y cena.

En cuanto a las consecuencias, a partir de esta etapa de vida las que se presentan de forma natural, no son suficientes para obtener la disciplina. A veces el niño no se ve directamente afectado por lo que hace ya que las consecuencias de sus acciones recaen en otras personas pero no en él; por lo cual es necesario buscar otras consecuencias que sean lógicas, es decir, que estén relacionadas con lo que hizo y que sean positivas, esto es, que le ayuden a hacer algo útil para solucionar el problema causado, por ejemplo, si entró a la casa con los zapatos enlodados, la solución será que limpie el piso.

En cuanto a los berrinches, si tu hijo(a) tiene ya tres, cuatro o más años de edad y aún continúa con ellos, te aconsejo que empieces a marcarle el alto de la misma forma que la ejemplificada en la primera etapa; de lo contrario, nunca dejará de hacerlos. Una forma de marcarle el alto, a partir de los cuatro años de edad, es asignándole un lugar para hacer berrinche, por ejemplo, su cuarto; esto es, en el momento que tu hijo comience a hacer un berrinche, decirle: "Mi vida te quiero mucho pero ya sabes que éste no es lugar para hacer berrinches, así que por favor, vete a tu cuarto y cuando termines de hacerlo puedes salir y regresar a convivir con nosotros". Si el niño no quiere irse a su cuarto, entonces lo llevas y lo dejas ahí diciéndole con voz firme pero tranquila: "Aquí te vas a quedar hasta que dejes de hacer berrinche, lo siento mucho, pero la decisión de cuándo salir, es tuya: hasta que dejes de hacer berrinche; así que, entre más tiempo te dure el berrinche, más tiempo pasarás en tu cuarto".

Si tu hijo está en esta etapa de vida pero no hace caso al "no", sigue exactamente el mismo procedimiento de la primera etapa más lo indicado en la etapa presente.

Para ilustrar los aspectos de esta etapa, veamos qué es lo que hacen los padres "buenos" pero con consecuencias negativas y qué los padres "malos" pero con consecuencias positivas con relación a la educación de sus hijos.

Caso 1. María es una niña de cinco años de edad, tres veces a la semana su mamá tiene que trabajar por las tardes; la lleva a una estancia vespertina (de 16:00 a 19:00 horas), en donde hace la tarea y tiene diferentes actividades recreativas. La mamá recién comenzó a trabajar, por lo que María está acostumbrada a que su mamá pase todas las tardes con ella. Generalmente María se queda con agrado, pero hay días en los que reciente el separarse de su mamá y tener que quedarse en la estancia; lo que sigue recrea uno de ellos.

MADRE "BUENA"

—No mami, hoy no me quiero quedar. Quiero quedarme contigo en la casa.

—Mi amor, ya quedamos que mamita tiene que trabajar. ¿Ándale, sí? Sólo es un ratito.

—No mami, no me quiero quedar —y abraza a su mamá.

—Por favor mi vida, quédate. Mira, aquí vas a jugar con tus amiguitas.

—No, no me quiero quedar.

—Mi amor, es que yo me tengo que ir a trabajar. Mira, si no me dejas ir, voy a llegar tarde al trabajo. ¿Quieres que mamita llegue tarde al trabajo?

—Es que yo me quiero quedar contigo —y vuelve a abrazar a su mamá.

—¡Hay mi amor!, qué vamos a hacer. Mira, te prometo que te recojo antes. Hoy vengo más temprano por ti, pero déjame ir a trabajar. ¿Sí?

—No mami, no me quiero quedar, o quédate tú conmigo.

—Mi amor, es que no puedo. Te repito que me tengo que ir a trabajar.

—No mami, no te vayas.

—Mi amor, ya pasó media hora, ya no me puedo quedar más tiempo, ya voy a llegar tarde. Por favor, déjame ir a trabajar. Mira, te prometo que cuando regrese te voy a llevar a comprar un helado. ¿Sí? ¿Dejas que me vaya? Y además mañana que no trabajo invitamos a tu amiguita Lupita a jugar a la casa y las llevo al parque. ¿Qué te parece? ¿Estás de acuerdo?

—Bueno, pero regresas pronto por mí. No te tardes mucho.

—No mi amor, vas a ver que regreso por ti rápido. Adiós.

—Adiós, mami.

MADRE "MALA"

—No mami, hoy no me quiero quedar. Quiero quedarme contigo en la casa.

—Mi amor, ya quedamos que mamita tiene que trabajar. Sé que deseas estar conmigo y yo también deseo estar contigo; pero mamá tiene que cumplir con ciertas responsabilidades, al igual que tú. Así como tú tienes que ir a la escuela, yo tengo que ir a trabajar y así como tú tienes un horario de entrada en la escuela, yo también lo tengo en el trabajo. Ahora me tengo que ir para no llegar tarde. ¿Está bien?

—Es que no me quiero quedar.

—Lo siento mi amor, pero vas a tener que quedarte y ya te expliqué por qué. Trata de divertirte con tus amiguitas que aquí tienes. Mira, ahí está Lupita. A ti te gusta mucho jugar con ella. Si quieres, mañana la invitamos a la casa y las llevo al parque. Le preguntamos a su mamá si la deja ir a la casa; pero ahora despídete de mí que ya me tengo que ir.

—Adiós, mami.

—Adiós mi amor, que te diviertas mucho.

CONSECUENCIA EDUCATIVA DE LAS MADRES "BUENAS"

En este caso, la madre de María, invadida por el sentimiento de culpa (tener que abandonar a su hija para irse a trabajar), cree que es su obligación convencer a su hija para que le permita ir a trabajar. En toda la conversación la madre pide desesperadamente, por medio de súplicas y ruegos, el permiso de su hija. Como consecuencia de ello, delega la responsabilidad de tomar la decisión en su hija y hasta que ésta le da permiso es que la madre se retira para irse a trabajar. Delegar la responsabilidad de tomar decisiones a niños de esta edad y de esta forma, en la que la madre asume el papel de la hija y viceversa, suele resultar muy frustrante para los niños; es como pedirles a sus hijos que ellos se hagan cargo de sus padres, violando los límites de sus hijos. Los niños, al no tener la madurez suficiente para llevar a cabo esta tarea, suelen crecer temerosos, sin estructura, caprichosos, demandantes e insatisfechos, esto es, todas las características de la permisividad.

CONSECUENCIA EDUCATIVA DE LAS MADRES "MALAS"

En este caso, la madre de María, no pierde en ningún momento el control. Pacientemente explica a su hija por qué debe quedarse en la estancia. Ante la insistencia de la niña de no quedarse, la madre busca motivar a su hija para que se quede con agrado, pero manteniendo la misma firmeza en la decisión. En el primer caso, la madre ofrece invitar a su amiguita Lupita para que su hija la deje ir, en el segundo caso, la madre, después de decirle a su hija que va a tener que quedarse, ofrece invitar a su amiga Lupita para que su hija se quede más contenta. Como se observa, el objetivo de la invitación es diferente en cada caso y esto es lo que trasciende en el interior de nuestros hijos. No es malo motivar a nuestros hijos para que cumplan con un límite establecido o hagan una tarea, si ello permite que lo hagan mejor o de mejor humor; después de todo lo que buscamos es que los hijos aprendan a respetar los límites.

Caso 2. Rubén es un niño de cuatro años de edad. Normalmente no hace berrinches en casa, pero ya ha sucedido que cuando salen a algún lugar, lo aproveche para lucirse. Hoy su mamá lo llevó al súper. Como siempre, su mamá le dijo que podía escoger un dulce, pero sólo uno. Ya en el establecimiento comercial, Rubén quería tomar más de un dulce y su mamá le dijo que sólo podía tomar uno, que escogiera cuál quería. Rubén empezó a llorar y a suplicarle a su mamá que por favor le permitiera tomar más. Con la negativa de la madre, el llanto de Rubén se convirtió en gritos y berrinche.

Madre "buena"

—Yo quiero los otros dulces —pide el niño gritando y llorando.

—A ver Rubén, cuando salimos de la casa quedamos en que nada más te compraría uno.

—Sí, pero yo quiero más.

—¿Qué le pasa al niño? —interviene una clienta del súper.

—Nada, quiere que le compre más dulces.

—Pobrecito, mira yo aquí en mi bolsa traigo un dulce, ¿quieres que te lo dé? —dice la clienta dirigiéndose al niño.

—No, yo quiero que mi mamá me los compre.

—Rubén, si sigues llorando de una vez te digo que entonces no te voy a comprar nada.

—¡Ay!, pobrecito —insiste la clienta—. Vas a ver que tu mamá te los va a comprar porque se ve que eres un niño muy lindo.

—¡Por favor mamá! —suplica el niño llorando y gritando.

—Está bien, te voy a comprar otro pero nada más y a cambio vas a dejar de llorar. ¿Está bien? —dice la mamá conciliadora.

—Bueno, pero me compras dos más —condiciona el niño aún llorando.

—Uno más, dije.

—Dos más —se empecina el niño y reanuda su llanto, ahora más fuerte.

—Está bien, te voy a comprar dos más pero de una vez te digo que no te vuelvo a traer al súper —concluye la madre.

Rubén toma tres dulces y deja de llorar.

MADRE "MALA"

—Yo quiero los otros dulces —pide el niño gritando y llorando.

—A ver Rubén, cuando salimos de la casa quedamos en que nada más te compraría uno.

—Sí, pero yo quiero más.

—¿Qué le pasa al niño? —interviene una clienta del súper.

—Nada, quiere que le compre más dulces.

—Pobrecito, mira yo aquí en mi bolsa traigo un dulce, ¿quieres que te lo dé? —dice la clienta dirigiéndose al niño.

—No, yo quiero que mi mamá me los compre.

—¡Ay!, pobrecito —insiste la clienta—. Vas a ver que tu mamá te los va a comprar porque se ve que eres un niño muy lindo.

—Mira Rubén —le dice con firmeza la madre—, de una vez te digo que no importa qué tanto grites, no te voy a comprar más dulces porque desde un principio quedamos en que sólo te compraría uno. Ahora tienes dos opciones: o dejas de llorar en este instante y te compro un dulce, como quedamos, o sigues llorando, no te compro ninguno y al llegar a la casa te quedas cinco minutos en tu cuarto. ¿Qué escoges?

—Quiero que me compres más dulces —balbucea el niño y continúa llorando y gritando.

—Está bien, parece que ya tomaste tu decisión —dice la mamá y saca del carrito el dulce que le iba a comprar al niño.

—No, no lo saques, ya me voy a callar.

—Demasiado tarde —dice la madre.

—No mamá, ya me voy a callar —insiste el niño llorando y gritando más fuerte.

—Lo lamento mucho Rubén, pero la decisión la tomaste tú. Pago y nos vamos —refuerza la madre y se acerca a la caja para pagar. Rubén sigue gritando.

—¿Está bien su hijo, seño? —pregunta curioso el cajero.

—Sí, muchas gracias, sólo es un berrinche.

—Por favor mamá, cómprame el dulce, te lo suplico.

—No Rubén, y recuerda que la decisión la tomaste tú, no yo.

La mamá sale con Rubén llorando y sin haberle comprado ningún dulce. Al llegar a su casa lo deja cinco minutos en su recámara.

CONSECUENCIA EDUCATIVA DE LAS MADRES "BUENAS"

La mamá de Rubén sucumbió ante la presión social y las súplicas de su hijo; en consecuencia, Rubén aprendió a que con llantos, gritos, súplicas y ruegos es capaz de lograr lo que quiera. Aprendió que la palabra de su mamá no tiene valor, puesto que en la casa le había dicho que sólo le iba a comprar un dulce, después en el súper le advirtió que si seguía llorando no le compraría nada y sin embargo logró salir con tres dulces. Muchas madres alegan que ellas no les mienten a sus hijos, sin embargo, no cumplir con la palabra dada es una faceta de la mentira. En consecuencia, Rubén también está aprendiendo a mentir ya que considera que si su mamá lo hace, ¿por qué él no?

A partir de este momento, el comportamiento de Rubén hacia su mamá o cualquier otra figura de autoridad, será el de llorar y suplicar para obtener lo que desee, a lo que se le diga "no" o se le imponga un límite, hasta vencer de esta manera a la otra persona y termine por cumplir su pedido. Ésta es una de las formas en que los padres permiten que sus hijos tomen las decisiones y asuman el control.

CONSECUENCIA EDUCATIVA DE LAS MADRES "MALAS"

A pesar de la presión social y de las súplicas de su hijo, la mamá de Rubén no se dejó convencer. Cualquier madre o padre hubiera pensado que un dulce más no es nada, que la mamá de Rubén no debió haber sido tan exigente. De hecho, para esta mamá fue muy difícil tomar la decisión de mantenerse firme, en primer lugar porque es horrible sentir las miradas de las demás personas, con ese gesto acusador como si estuviésemos agrediendo a nuestro hijo y, en segundo lugar, porque es difícil no sucumbir ante los ruegos y súplicas de nuestros hijos. Sin embargo, cuando somos capaces de visualizar lo que ganamos con respecto a su educación y cómo ello les ayudará a convertirse en mejores personas, entonces es más fácil lograrlo. La consecuencia educativa para esta madre es que su hijo ahora sabe que su mamá cumple todo lo que dice, por lo tanto estará más receptivo ante cada cosa que ella le diga. Por otro lado, Rubén aprendió a que llorar y gritar tiene más consecuencias negativas que positivas, por lo que es probable que busque otras formas de salirse con la suya, antes de seguir intentándolo con berrinches.

Es común que los niños busquen diferentes formas para tomar el control, hasta encontrar aquella que les funcionen o descubrir que ninguna es efectiva. He visto de todo tipo: quienes lloran y gritan, quienes agraden a sus padres, quienes les gritan que los odian, quienes los amenazan, quienes acuden a su compasión, quienes dejan de comer, quienes se enferman y hasta los que se desmayan con tal de conseguir su fin. Algunos niños no necesitan hacer grandes cosas para tomar el control, sus papás parecen estar dispuestos a otorgárselos casi por nada, a otros les cuesta más trabajo encontrar ese "talón de Aquiles" en sus padres, pero son tenaces en su búsqueda.

Es común que los niños luchen durante toda esta etapa

para encontrar la forma de tomar el control, por lo tanto, si te mantienes firme durante ella, al final se darán por vencidos y entenderán que sólo tú tienes el control.

Caso 3. Ana es una niña de cinco años a la que no le gusta comer casi nada, sólo desea hamburguesas, *hot dogs*, carne asada, espagueti, quesadillas y pastelitos. Todos los domingos comen en casa de los abuelos. Hoy Ana no quiere ir.

Madre "buena"

—Mamá, hoy no quiero ir a casa de mis abuelitos.

—¿Por qué no mi amor?

—Porque no me gusta lo que me dan de comer. Siempre dan cosas que no me gustan.

—Pero si tu abuelita cocina platillos muy ricos y nutritivos.

—Sí, pero a mí no me gustan.

—Bueno, está bien, si no te gustan no te los comas.

—Es que luego me quedo con hambre.

—¿Qué es lo que quieres entonces?

—Quiero que me compres otra cosa y me la lleves para comer, algo así como una hamburguesa.

—Pero tu abuelita se va a sentir si no te comes la comida que ella hace. No sabemos qué va a haber de comer. ¿Qué te parece si vamos y vemos lo que hay? Ya si no te gusta, vemos qué hacemos.

—Es que ya sé que no me va a gustar. Nunca me gusta. Por favor mamá, cómprame una hamburguesa.

—Está bien. Voy a comprarte una hamburguesa. A ver si no se enoja tu abuela.

La mamá le compra la hamburguesa y llega a la casa de la abuela con ella.

Madre "mala"

—Mamá, hoy no quiero ir a casa de mis abuelitos.

—¿Por qué no mi amor?

—Porque no me gusta lo que me dan de comer. Siempre dan cosas que no me gustan.

—Pero si tu abuelita cocina platillos muy ricos y nutritivos.

—Sí, pero a mí no me gustan.

—Mira mi amor, yo creo que ya es hora de que aprendas a comer de todo. No es posible que sólo te gusten unas cuantas cosas. Es importante aprender a comer de todo. Además, ni siquiera sabemos lo que tu abuela tiene de comer.

—Es que ya sé que no me va a gustar. Nunca me gusta.

—Bueno, mi amor, en primer lugar no puedes decir que no te gusta sin haberlo probado. Así que lo primero que vas a hacer es probar de todo lo que haya, si no te gusta no te lo comes, pero eso sí, tienes que comer aunque sea una probadita de todo.

—No mamá, no quiero una probadita de todo, no me va a gustar.

—Lo siento mi vida, pero la única forma en que nos empiece a gustar la comida es comiendo un poquito cada día de eso que no nos gusta, y como ya es hora de que comas comida más nutritiva, de ahora en adelante así lo vamos a hacer.

—Pero aunque la pruebe mamá, después me voy a quedar con hambre.

—Bueno, mi vida y qué quieres hacer entonces.

—Quiero que me compres una hamburguesa y me la lleves a casa de mi abuelita.

—No, mi amor, eso no lo vamos a volver a hacer porque justamente por eso es que no estás acostumbrada a comer de todo. De ahora en adelante, vas a comer de todo lo que haya, incluyendo verduras y guisados. Si no te gusta voy a aceptar que comas poquito pero si te quedas con hambre, ése es tu problema. ¿Quedó claro?

Consecuencia educativa de las madres "buenas"

En este caso la mamá de Ana no pudo soportar el hecho de saber que su hija se quedaría con hambre. Después de todo, ¿a qué padre no le duele que un hijo le diga que se quedó con hambre por no haber comido? En consecuencia de la debilidad de la madre, Ana será una niña muy mal alimentada, difícilmente comprenderá lo que es una comida nutricional, padecerá enfermedades por falta de ciertos nutrientes que se encuentran en las frutas, verduras y otros alimentos y, por último, cuando sea adulta tendrá problemas con sus relaciones personales, al no poder asistir a comidas, reuniones, etcétera. por miedo a que las demás personas se den cuenta que casi nada le gusta.

Consecuencia educativa de las madres "malas"

En este caso la mamá de Ana reaccionó y se dio cuenta del daño que podría tener su hija si seguía comiendo sólo una cantidad limitada de alimentos. No es fácil hacer que los hijos coman de algo que no les gusta, sobre todo cuando ponen esa cara de sufrimiento acompañada de algunas lágrimas. Por ello, es común que los padres, cuando ven que alguna comida no les gusta a sus hijos, inmediatamente sustituyan el alimento por uno que sí les guste. Lo importante ahora es comprender que al paladar se le debe educar. Cuando los niños nacen, el único sabor que de entrada aceptan es el dulce, por tal motivo los pediatras recomiendan que no sean los alimentos dulces los primeros que se les dé a los bebés al nacer para que no rechacen todos los otros sabores. A medida que los niños van creciendo, poco a poco aceptan los otros sabores.

La mejor forma de hacer que un niño, de cualquier edad, aprenda a comer de todo es haciendo que pruebe cualquier alimento, darle lo que yo llamo "la porción mínima", que es lo equivalente a una cucharada de un guiso. De esta forma, poco a poco el niño va aceptando determinados sabores y determinados alimentos. Asimismo, si tu hijo es de esos niños que comen casi de todo y que no les gustan solamente unos cuantos alimentos, entonces déjalo, porque eso sí es normal.

Límites de 6 a 9 años de edad, tercera etapa de vida

En esta etapa de vida del niño, como en la anterior, el aspecto que debemos subrayar, porque con él se logran establecer los límites necesarios, es el de la obediencia. Si tu hijo se encuentra en esta etapa y aún no logras que te "haga caso", si te has percatado que de hecho es de esos niños que "tiene el control" muy a pesar tuyo, seguramente es porque no has sido lo suficientemente explícita y firme con él. He de recordarte que entre mayor edad tengan los niños, cada día será más difícil lograr instaurar límites, por lo cual, si deseas realmente empezar a hacerlos, deberás trabajar mucho más contigo misma; para ello considera en todo momento estos cuatro puntos:

• "No" es "no" y "sí" es "sí", en todo momento, sin excusas, sin excepciones y desde la primera vez. Si tu hijo sabe, de manera inequívoca, que el "no", es una negación categórica y que el "sí" es una afirmación confiable, se genera un ambiente predecible en el cual se encuentra cifrada la fórmula de la confianza y de la protección. Para poder lograr esto, no importa qué tan válidos puedan ser los argumentos de tu hijo para buscar que cambies de opinión, o qué tanto te llore, te patalee, te grite, te amenace, te diga que no te quiere, te insista, te insista y te insista y...; no importa qué tan mal, tan culpable, tan triste, tan desesperanzada, tan falta de paciencia, tan enfadada o qué tan "no puedo más", te puedas sentir tú, nada puede hacerte cambiar de opinión; una vez que marcas un límite, éste se comienza a cumplir en ese mismo instante. Cuando tu hijo vea que comienzas a actuar con resolución los primeros días van a ser, tal vez, los peores de tu vida y su rebeldía, llantos, gritos, etcétera, van a ser los peores de su vida. Sin embargo, si te mantienes firme, después de unos cuantos días o unas cuantas semanas, habrás recuperado el control.

• Que todos los "no" y todos los límites que impongas tengan un objetivo educacional. En muchas ocasiones los niños son rebeldes porque los padres, de entrada, a todo dicen "no" o dicen "no" a cosas que no tienen un objetivo educativo; es porque así lo quieren ellos o sólo buscan controlar a sus hijos. A esta edad es importante que a los niños ya se les permita tomar ciertas decisiones, siempre y cuando no transgredan su educación, aunque la decisión que tomen no siempre sea del agrado de los padres; por ejemplo, cómo se visten, cómo se peinan, qué pasatiempos tener, qué deporte practicar, etcétera. Si a un niño rebelde y de carácter fuerte, constantemente se le dice "no" a todo, nunca diferenciará los "no" importantes en su educación de los "no" que dictan sus padres sólo por ejercer su control. Como consecuencia de ello, se rebelarán ante todos los límites y al llegar a la adolescencia, manifestarán dicha rebeldía de forma más directa y descontrolada. En mi libro *Pequeños emocionalmente grandes*, dedico una gran parte a enseñar a los padres a desarrollar lo que llamo el "Proyecto Educativo", el cual incluye cómo distinguir y qué límites debemos inculcar.

• Cada vez que se transgreda un límite, aplicar una consecuencia. Una vez que hayas marcado un límite a tu hijo y éste no lo haya cumplido, deberás aplicar una consecuencia lo suficientemente dolorosa para que sienta que hubiera sido mejor permanecer dentro del límite; por ejemplo, supongamos que tu hijo no tiene permiso de ver hoy televisión porque esa fue la consecuencia de algún otro límite que transgredió. Pero resulta que hoy es miércoles y pasan su programa favorito, entonces él decide ver la televisión a escondidas de sus papás pensando que si lo cachan, la consecuencia será entonces que no lo dejen ver tele mañana, y a él no le importa ver la tele el jueves porque ese día no pasan su programa favorito. Si tú le dices que la consecuencia de no haber obedecido es que no vea la tele el jueves, tu hijo se habrá salido con la suya, pero si en lugar de ello, le dices que no verá tele toda la semana que entra (que incluye el próximo miércoles), entonces lo pensará antes de volver a transgredir el límite. Una de las razones por las cuales los niños se sienten con tanta fuerza para faltar al respeto y agredir a los demás, es la falta de aplicación de consecuencias por parte de los padres.

• Siempre que se aplique una consecuencia, hay que hacerlo sin mostrar ninguna emoción negativa. La mejor forma de que nuestros hijos asimilen el objetivo de los límites impuestos y las consecuencias por el incumplimiento de ellos, sin importar qué tan dolorosa o no les pueda resultar dicha consecuencia, es hablarles con tranquilidad, con mucha firmeza, pero con empatía, sin gritarles, sin pegarles, sin amenazarlos, sin humillarlos y sin hacerlos sentir que lo que hicieron "te lo hicieron a ti".

En cuanto a las acciones que debemos poner especial énfasis en esta etapa, son todas las relacionadas con el orden, la formación de hábitos, el cumplimiento de las tareas escolares, el respeto a los demás —especialmente a la autoridad—, y el conducirse con veracidad.

En esta etapa de vida, las explicaciones empiezan a tomar gran importancia en la mente de nuestros hijos. Es necesario que ellos entiendan qué van a ganar o perder en su vida presente si adquieren el gusto por tal cosa o el hábito en esta otra, o si se comportan de una forma o de otra. Por ello, es trascendente que todo límite o norma que impongamos satisfaga los siguientes aspectos:

• Explicar con claridad el límite o norma que se está instaurando.

• Explicar con claridad en qué circunstancias se deberá cumplir el límite o norma.

•. Explicar la necesidad de dicho límite o norma, esto es, el beneficio que obtendrán con el cumplimiento de ella.

Un aspecto importante a considerar para ésta y todas las etapas de vida, es que ser exigente en cuanto a la implementación de límites no significa que no podamos ser cariñosos ni consentidores con nuestros hijos. Es importante que ellos sientan, en todo momento, que los amamos y entre más se los demostremos mejor. Existen muchas formas de demostrar ese amor, por ejemplo, tal vez no le recojas sus juguetes, porque va en contra de tus objetivos educativos, pero sí podrías prepararle un chocolate caliente cuando te lo pida, rascarle la espalda, ponerte a jugar con algún pasatiempo de mesa con él, o simplemente "apapacharlo" por un rato.

Para ejemplificar las formas de poner límites en esta etapa, veamos qué es lo que hacen los padres "buenos" pero con consecuencias negativas y los padres "malos" pero con consecuencias positivas con relación a la educación de sus hijos.

Caso 1. Luis es un niño de seis años de edad. Como va en preprimaria, aún no le dejan mucha tarea por lo que dispone de mucho tiempo para jugar. Dos veces por semana Luis ocupa la tarde en sus clases de futbol pero las otras tres se entretiene con sus juguetes. Todos los días su mamá tiene el mismo problema con él, no quiere guardar sus juguetes y los deja regados en su recámara.

Madre "buena"

—Mi vida, otra vez dejaste tirados todos tus juguetes. Ya va a ser la hora en que te metas a bañar, así que por favor recógelos.

—Está bien —responde Luis y transcurren 15 minutos y no los ha recogido.

—¿Todavía no has recogido tus juguetes? Quedamos en que los ibas a recoger.

—Pero mamá, es que son muchos. Podrías recogerlos tú, te prometo que yo los recojo la próxima vez, ¿sí?

—Es que eso mismo me dices todos los días y siempre termino por recogerlos yo y tú nunca los recoges.

—Ándale mamá, por esta última vez. Es que son muchos y yo nunca voy a terminar.

—No mi vida, ya te dije que no. Esta vez los vas a recoger tú.

—Pero mamá, es que no me va a dar tiempo de recogerlos, nunca voy a terminar. Recógelos tú, por favor, ¿sí?

—No mi vida, tú los vas a recoger. Tú los tiraste y ahora tú los recoges y apúrate porque en 15 minutos te metes a bañar.

—Pues nunca voy a terminar de recoger tantos juguetes —responde el niño y comienza a sollozar.

—Está bien. Te voy a ayudar, pero sólo es una ayuda. ¿Está bien?

—Sí, está bien.

La mamá le empieza a ayudar y Luis no recoge ninguno.

—Ándale, ponte a trabajar, yo ya te estoy ayudando.

Luis recoge uno y lo guarda.

—Ya mamá, ya trabajé mucho, ya me voy a meter a bañar.

—Sí, ya veo, pero no recogiste muchos. Está bien, ya métete a bañar.

Y la mamá termina de recoger todos los juguetes. Esto sucede todos los días: la mamá termina por guardar los juguetes de su hijo.

Madre "mala"

—Mi vida, otra vez dejaste todos tus juguetes tirados. A ver, creo que llegó el momento de que tú y yo hablemos. Hasta ahora, cada vez que sacas tus juguetes, no los recoges. Termino recogiéndolos yo. Bueno pues, a partir de ahora las cosas van a cambiar. Tú vas a recoger todos los juguetes que saques. Si consideras que son muchos los que tienes que recoger, entonces te aconsejo que no saques muchos o que cada vez que saques uno lo guardes, antes de sacar otro. Si tú no guardas los juguetes, entonces, al día siguiente, no vas a poder jugar con ninguno hasta que hayas guardado los que sacaste. Tienes media hora para guardarlos porque en media hora te metes a bañar. ¿Entendiste las nuevas reglas?

—Pero, ¿ya no me vas a ayudar a guardar mis juguetes?

—No, ya no.

—Pero es que son muchos y yo no los puedo guardar solito.

—Sí puedes, si pudiste sacarlos todos solito, puedes guardarlos todos solito.

—No mamá, no puedo; por favor, ayúdame.

—No mi vida, de ahora en adelante tú los vas a guardar todos.

—Pero mamá, no voy a poder.

—Si crees que no puedes, entonces guardas la mitad hoy y la mitad mañana. Pero recuerda que no puedes jugar con ninguno hasta que hayas guardado todos. Y te aconsejo que empieces ya si quieres que te dé tiempo.

Luis, enojado, guarda la mitad de los juguetes.

—Ya terminé mamá y estoy muy cansado. Ya me voy a meter a bañar.

—Yo sólo veo la mitad de los juguetes guardados.

—Sí pero estoy muy cansado, ya no voy a guardar ni uno más. Mira cómo me haces trabajar.

—Está bien. Métete a bañar.

—Gracias mamá.

Luis sale de bañarse y se da cuenta que su mamá no recogió ningún juguete.

—¿No me terminaste de guardar mis juguetes?

—No, te dije que tú los guardarías mañana.

—Pero mamá, entonces no me va a dar tiempo de jugar.

—Si quieres, puedes terminarlos de guardar después de cenar, antes de acostarte. Es tu decisión, depende de cuánto quieras jugar mañana.

—Ya no los voy a recoger, ya trabajé mucho y estoy muy cansado.

—No hay problema, mañana terminas.

Al día siguiente Luis regresa de la escuela y encuentra sus juguetes fuera de su lugar. Termina de comer y le dice a su mamá:

—Ya me voy a jugar.

—Aún no, primero guardas tus juguetes.

—Pero mamá, voy a ocupar los mismos juguetes. Mejor primero juego con ellos y ya después los guardo.

—No, primero los guardas como quedamos; luego, si quieres jugar con esos mismos, los sacas, juegas y luego los vuelves a guardar.

—Pero entonces los voy a guardar dos veces.

—Así es, pero recuerda que fue tu decisión guardarlos hasta hoy.

—Déjame jugar hoy con ellos y luego los guardo.

—No, ayer quedaron establecidas las reglas. Así que, si quieres jugar hoy, empieza ya por guardarlos o no te va a dar tiempo.

—No es justo, ya no te quiero —responde Luis y se muestra muy enojado con su mamá.

—Lamento mucho que las cosas sean así, pero parece que no hay otra forma de hacer que guardes tus juguetes.

Luis, muy enojado, guarda sus juguetes; fue la última vez que los dejó tirados.

CONSECUENCIA EDUCATIVA DE LAS MADRES "BUENAS"

La mamá de Luis no ha podido establecer el límite, es decir, que su hijo guarde sus juguetes porque flaquea ante las quejas y sollozos de su hijo. En un principio se muestra firme pero, como a muchas madres les pasa ante los lloriqueos de sus hijos, termina por hacer lo que su hijo debería hacer. Como resultado tenemos a un hijo que encontró la forma de hacer que su mamá haga las cosas por él.

CONSECUENCIA EDUCATIVA DE LAS MADRES "MALAS"

Esta mamá logró superar las quejas y sollozos de su hijo. Incluso, hasta en lo que parecía ilógico, es decir, mandar a su hijo a guardar los juguetes e inmediatamente los volviera a sacar, se mantuvo firme. No olvidó que la finalidad era hacer que su hijo entendiera que a partir de ese día él tendría que guardar los juguetes que utilizara, y cumplir con lo que le había dicho el día anterior.

Para lograr establecer límites con nuestros hijos tenemos que empezar por cumplir "todo lo que decimos", sin importar el trabajo que a nosotros mismos nos cueste hacerlo. Para ello, es importante empezar por cuidar lo que decimos, esto es, que la consecuencia que le estás anunciando a tu hijo la puedas cumplir, o que luego reacciones y te des cuenta de que fuiste muy severa: sin importar qué tan arrepentida estés, tendrás que cumplir con lo dicho. Esto te ayudará, igual que a tu hijo, a estar más consciente de cada palabra que pronuncies.

Caso 2. Pedro y Lorena son dos hermanos, cuates, de siete años de edad y tienen otro hermanito de tres años. Todos los días Pedro y Lorena se pelean, se golpean y se molestan el uno al otro; quieren jugar con el mismo juguete, ver un programa de televisión diferente, hablar con su mamá al mismo tiempo, etcétera. Además de pelearse, constantemente dejan las cosas tiradas, hacen travesuras, toman y rayan las cosas de papá, etcétera. Su mamá, además de atender a su hermanito, se la pasa todo el día regañándolos y diciéndoles que ya no se peleen y se porten bien. Cuando le colman la paciencia y está dispuesta a castigar a alguno de ellos, entonces se echan la culpa mutuamente de tal forma que la mamá nunca sabe a quién castigar. Cada vez que el papá llega de trabajar, se enoja con su esposa porque sus hijos cogieron sus cosas y después habla con ellos, pidiéndoles que por favor ya no lo hagan y que obedezcan a su mamá, lo que los niños aceptan. Sin embargo, al día siguiente, se repite la misma historia. Hoy es un día de ésos.

MADRE "BUENA"

—Mamá, Pedro me está pegando. Dile que me deje en paz.

—Pedro, ¿por qué le pegas a tu hermana?

—Es que ella me está molestando. Me quitó el control remoto de la televisión y no me lo quiere dar. Dile que me lo dé.

—Lorena, dale el control remoto a tu hermano.

—Pero mamá, yo gané la tele primero, después fui al

baño y entonces él cogió el control remoto, pero yo lo había cogido antes.

—No es cierto, yo lo gané primero.

—Bueno, ya no se peleen. Pedro, te prohíbo que le vuelvas a pegar a tu hermana. Lorena, dale el control remoto a tu hermano, ahora le toca a él.

—No es justo, siempre le toca a él. Tú siempre le das la razón a él —responde la niña y se va azotando la puerta.

Media hora después, Lorena entra llorando.

—Pedro me pegó con una vara.

—Pedro, ¿por qué le pegaste a tu hermana? Te dije que no le pegaras.

—Fue sin querer, además ella agarró todas las plumas del escritorio de papá y las tiró al escusado.

—No fue sin querer, lo hizo a propósito.

—¡Qué! Lorena, ¿agarraste las plumas de tu papá? ¿Por qué las tiraste al escusado? Tu papá se va a enojar mucho.

—Es que se le salió la tinta y ya no servía, pero Pedro también agarró las plumas.

—Sí, pero yo no las tiré al escusado.

—Sí, tú también las tiraste.

—¡A ver —exclama la mamá—, los dos, váyanse a su cuarto!

Se dirige al baño a recoger las plumas que tiraron los niños, las limpia y las deja en su lugar; espera que su esposo no se dé cuenta para que no se enoje.

Cinco minutos después.

—Mamá, Lorena no me quiere dar mis canicas. Entró a mi cuarto y las tomó sin mi permiso.

—Lorena, ¿por qué tomaste las canicas de tu hermano?

—Él me agarró mis muñecas y no me las quiere dar.

—Pedro, dale sus muñecas a Lorena y tú Lorena, dale sus canicas a Pedro. ¡Ya no los quiero oír peleando! ¿Me oyeron?

—Sí, mamá.

15 minutos después.

—Mamá, Pedro me está pegando. Dile que me deje en paz.

—Pedro, ¿por qué le pegas a tu hermana?

—Es que ella me está molestando. Me quitó el control remoto de la televisión y no me lo quiere dar. Dile que me lo dé.

Y se repite la misma historia.

Madre "mala"

—Mamá, Pedro me está pegando. Dile que me deje en paz.

—Pedro, ¿por qué le pegas a tu hermana?

—Es que ella me está molestando. Me quitó el control remoto de la televisión y no me lo quiere dar. Dile que me lo dé.

—A ver, vengan aquí los dos. A partir de ahora vamos a establecer ciertas reglas en la casa. Ven estos dos pizarrones, uno es para ti Lorena y el otro para ti Pedro. En cada uno vamos a marcar cinco objetivos que ustedes cumplirán todos los días. Si lo cumplen diariamente, habrá premio al final de la semana, si no, habrá consecuencias que no les van a gustar. Les voy a explicar cómo funciona:

Pizarrón de Lorena

	LUN.	MAR.	MIÉ.	JUE.	VIE.	SÁB.	DOM.
No entrar al estudio de papá		✓		✓		✓	✓
No tomar cosas ajenas			✓	✓			
Obedecer a mamá y papá				✓			
Respetar el horario de tele	✓	✓	✓	✓	✓	✓	✓
No pegarle a Pedro	✓	✓	✓	✓	✓	✓	✓

Primero: tienen prohibido entrar al estudio de papá. Si alguno de ustedes viola esta regla, entonces permanecerá en su cuarto, sin poder salir, por media hora. ¿Queda claro?

Segundo: tienen prohibido coger cualquier cosa que no sea de ustedes, incluyendo las cosas de papá y de mamá. Tú Lorena, no puedes coger nada de tu hermano, y tú Pedro, no puedes coger nada de tu hermana. Si alguno de ustedes desea algo que sea mío, deberá pedírmelo prestado. Y si alguno de ustedes desea jugar con un juguete de su hermano, deberá pedírselo prestado. Si alguno de ustedes toma algo que no sea suyo, entonces en ese momento, se irá a su cuarto y se quedará ahí por media hora sin poder salir. Si por alguna razón salen antes de ese tiempo, entonces empezaremos a contar, nuevamente, a partir de ese momento. ¿Quedó claro?

Tercero: van a obedecer a mamá y a papá en todo momento. Si yo les digo que se van a su cuarto, entonces se van a su cuarto en ese momento. Si yo les digo que es hora de cenar, entonces en ese momento se van a cenar. Si yo o papá les pedimos que recojan sus cosas, entonces en ese momento recogen sus cosas. Si ustedes no obedecen a lo que les pidamos mamá o papá, entonces se van a ir media hora a su cuarto y al día siguiente no pueden ver televisión. ¿Quedó claro?

Cuarto: Lorena, tú vas a escoger los programas de televisión los lunes, miércoles y viernes. Tú, Pedro, vas a escoger los programas de televisión los martes, jueves y sábado. Si alguno de ustedes no respeta el horario de tele que le toca, entonces no podrá ver televisión durante todo el día siguiente.

Quinto: por ninguna razón puedes pegarle a tu hermano(a). Si él(ella) te molesta, vienes y me avisas. Si se molestan los dos, entonces los dos se van a ir a su cuarto por media hora. Y si uno le pega al otro, entonces se va a ir a su cuarto por una hora. ¿Quedó claro?

Contrario al incumplimiento de cada regla, cada vez que ustedes cumplan, durante todo el día, con cada regla, recibirán una paloma(✓). Cada paloma vale un punto; en total son 35 puntos por semana. Quien acumule más de 30 puntos por semana, les voy a cambiar esos puntos por dinero y al final del mes, les vamos a comprar lo que ustedes quieran con el dinero que hayan juntado. Pero si en la semana, juntan menos de 30 puntos, entonces no les toca nada de dinero. ¿Quedó claro?

Bueno, vamos a poner en esta pared el pizarrón de cada uno de ustedes. Empezamos a contar a partir de ahora. Así que ya saben, depende de ustedes cuántos puntos junten.

Los niños se portan bien durante una hora, después Lorena, llorando, busca a su mamá.

—Pedro me pegó con una vara.

—Pedro, ven aquí. Quedamos en que si le pegabas a tu hermana entonces te irías una hora a tu cuarto. Por favor vete a tu cuarto y no puedes salir hasta dentro de una hora.

—Pero mamá, fue sin querer, además ella agarró todas las plumas del escritorio de papá y las tiró al escusado.

—No fue sin querer, lo hizo a propósito.

—Después hablo con tu hermana por lo de las plumas. Ahora estoy hablando contigo por haberle pegado a tu hermana. Y ambos sabemos que no fue sin querer, que fue a propósito. ¿Cierto o no?

—Bueno, sí. Pero ella también me molesta.

—Cada vez que ella te moleste, vienes y me lo dices y yo hablo con ella. Pero tú no puedes estarle pegando a tu hermana sólo porque estás molesto con ella. No se les pega a las personas sólo porque estamos molestos con ellas. Te vas a ir a tu cuarto por una hora sin poder salir y en unos momentos voy a hablar contigo, pero no puedes salir en una hora. También vamos a hablar con respecto a la mentira que acabas de decir. ¿Quedó claro?

—Sí, mamá.

—Bueno, vete a tu cuarto.

—Lorena, entraste al estudio de papá y tomaste sus plumas. ¿Cierto?

—Sí.

—Bueno, pues te vas a ir a tu cuarto por una hora; media por haber entrado al estudio de papá y otra media por haber tomado sus cosas. No puedes salir durante una hora y en unos momentos voy a tu cuarto para hablar contigo al respecto.

Media hora después, luego de que la mamá habló con los dos niños, éstos salen de sus cuartos para ver televisión. La mamá ha estado al pendiente y se da cuenta.

—A ver, parece que las reglas no han quedado lo suficientemente claras para ustedes; los dos debían quedarse en su cuarto por una hora. ¿Por qué están afuera?

—Es que ya va a empezar nuestro programa favorito de televisión.

—Pues lamento decirles que no lo van a poder ver. De hecho, como se salieron de su cuarto y aún no terminaba el tiempo, entonces vamos a volver a contar la hora a partir de este momento.

—Pero mamá, no se vale.

—Nos aburrimos mucho.

—Claro que se vale, las reglas son muy claras. Si no quieren pasar tanto tiempo en su cuarto basta con que comiencen a cumplir las reglas. Les aconsejo que de ahora en adelante piensen bien antes de actuar. Ahora, se regresan los dos a su cuarto.

Los niños no se mueven.

—Vamos, ¿qué esperan? ¿Quieren que les agregue otra media hora por no obedecerme? Vamos, ¡pero ya!

—Está bien —aceptan los niños y se van a su cuarto en ese momento.

Por primera vez creyeron en las palabras de su mamá.

Consecuencia educativa de las madres "buenas"

Esta madre sigue inmersa en la rutina de siempre. Como muchas otras madres, teme ser demasiado exigente con sus hijos sin darse cuenta del terrible daño que les está causando. Si esta última frase se te hace muy fatalista, te invito a que analices conmigo cada uno de los sucesos de dicha tarde:

• Cuando Lorena le dice a su madre que Pedro le está pegando, éste elude su responsabilidad buscando enfocar la atención de la madre en su hermana, y lo logra.
• La mamá le prohíbe a Pedro que le vuelva a pegar a su hermana y sin embargo éste lo vuelve a hacer, lo que implica que las palabras de su madre no tienen validez para él, incluso palabras tan fuertes como "te lo prohíbo".
• Cuando la mamá indica a su hija que ahora le toca tener el control remoto a su hermano, ésta se enoja argumentando que es injusta y que siempre le da la razón a su hermano. Esto es, su hija considera que su madre es una persona arbitraria.
• Pedro miente al decirle a su mamá que le pegó sin querer a su hermana. Acude a la mentira para eludir el enojo de su mamá y ésta lo permite.
• Lorena toma las plumas de su papá y las tira al escusado. Aun sabiendo que su papá se enoja mucho si le cogen sus cosas, las toma, lo cual indica que no tiene ningún respeto hacia las cosas ajenas, y su madre lo permite.
• La madre envía a sus dos hijos a su cuarto y sin decirles cuánto tiempo deben permanecer en él. Los niños hacen caso omiso de lo que su madre les ordena pues salen cinco minutos después, y su mamá no les dice nada.
• Nuevamente los niños toman sin pedir prestado las cosas del otro y se pelean. La madre, enojada, les dice que no los quiere oír peleando, que no es lo mismo que instarlos a que no peleen.

La consecuencia educativa de esta madre, es que sus hijos van a crecer sin estructura, sin respeto a la autoridad ni a las cosas ajenas, arrebatando todo lo que deseen poseer y mintiendo para salir librados de cualquier situación adversa.

Consecuencia educativa de las madres "malas"

Esta madre establece claramente lo permitido y lo restringido, y las consecuencias positivas o negativas del cumplimiento o incumplimiento de las mismas. El método del pizarrón es muy efectivo porque los niños tienden a olvidar muy fácilmente al comienzo, cuáles son las reglas; por ello, el pizarrón es una forma de recordarles cómo se deben comportar. Es importante explicarles claramente a los niños, cada uno de los puntos escritos en el pizarrón. Cuando a los niños se les han establecido los límites desde que son pequeños y viven acostumbrados a ellos, entonces se puede omitir la parte de las consecuencias negativas, es decir, es suficiente con decirles que no tendrán los puntos al final de la semana si no alcanzan los 30 puntos. Sin embargo, cuando los niños han crecido sin límites y son aquellos de los que "no hacen caso", entonces es necesario aplicar medidas más severas, como la aplicación de consecuencias negativas. A medida que los niños se vayan familiarizando con los límites, y aprenden a cumplirlos, poco a poco se pueden eliminar las consecuencias negativas. Cuando se trabaja con un pizarrón, es importante no manejar más de cinco objetivos, de lo contrario será muy difícil para los niños cumplirlos y se darán por vencidos antes de intentarlo. Una vez que los niños hayan alcanzado un objetivo de forma continua por más de un mes, éste se puede cambiar por otro en el cual se requiera trabajar, como podría ser: recoger su ropa y ponerla en la cesta de la ropa sucia, tener todos sus juguetes arreglados, tener sus cajones de ropa en orden, etcétera.

En este caso, la mamá, habiendo apenas tomado la decisión de educar con límites, decidió hacerlo incluyendo consecuencias negativas desde el principio, lo cual, como mencioné antes, suele dar mejores resultados; sin embargo, al utilizarlos es importante considerar los dos puntos siguientes:

• No abusar de ellos, ya que de hacerlo los niños se sentirán todo el tiempo castigados y, por lo tanto, enfadados.
• Hay que utilizarlos siempre junto con los límites de convicción, de los cuales hablaremos en la tercera parte de este libro, y sin los cuales los límites de acción no dan resultado.

En cuanto a las consecuencias negativas, es recomendable que éstas siempre estén ligadas a la falta cometida: si el pleito es por la televisión, entonces la consecuencia es no ver televisión por un día; si el pleito es por un juguete, entonces no juegan con sus juguetes por un día, etcétera. Sin embargo, no todas las transgresiones de límites tienen una consecuencia ligada directamente con ellas, por ejemplo, si el hermano le pegó a la hermana, no se resuelve el problema pegándole a él. En estos casos una buena consecuencia es mandarlos a su cuarto porque les ayuda a que se calmen y piensen las cosas, y porque te permite aprovechar ese tiempo para hablar con ellos, que es cuando se manejan los límites de convicción.

Como en el ejemplo anterior, es importante que sepas que marcar los límites en forma clara y explícita en un pizarrón no garantiza que tus hijos, a partir de ese momento, los comiencen a cumplir. Los niños en un principio es casi seguro que seguirán comportándose igual que antes, y no será hasta que tú los empieces a cumplir para que ellos también los acaten; por lo tanto, la idea del pizarrón servirá no sólo para que ellos cumplan los límites, sino para que te recuerde que tú también debes cumplirlos.

Otro aspecto importante a considerar en la actitud de esta madre, es que cuando estaba llamándole la atención a Pedro por haberle pegado a su hermana, no se dejó enganchar por su hijo que intentó desviar el asunto de él, acusando a su hermana de haber tomado las cosas de su papá. Cuando llamamos la atención de nuestros hijos, es común que ellos quieran desviarnos haciéndose las víctimas o acusando a alguien más de algo que ellos saben nos molesta. Cuando esto suceda, es importante advertir a tu hijo que esa cuestión la tratarás después, que en este momento están hablando de lo que él hizo, y que no permitirás que desvíe tu atención. Los niños son muy inteligentes, así que lo más probable es que tu hijo insista, incluso argumentando que "tú no lo escuchas" (haciéndose la víctima). No caigas en su trampa, sólo dile que todo ello lo tratarán después.

Asimismo, se debe tomar en cuenta en el comportamiento de esta madre, el hecho de que no haya pasado por alto la mentira de su hijo. Las mentiras se tratan de acuerdo a los límites de convicción, sin embargo, es importante hacerles saber a nuestros hijos, en el momento que mientan, que estamos conscientes de ello y hablarles al respecto. Si las circunstancias lo ameritan, podemos tratar el asunto en ese momento, si no hasta que hablemos con ellos. En la parte de límites de convicción explico cuándo es el mejor momento de tratarlos.

Muchas mamás, que empiezan a implementar los límites en sus hijos cuando ya éstos tienen más de ocho años de edad, me han comentado que una vez que los envían a su cuarto, éstos no obedecen. Para lograr que los niños obedezcan "esa primera vez", es importante considerar los siguientes aspectos:

1. Que se den cuenta que las cosas, a partir de ese momento, van a cambiar. Por ello es importante usar utensilios diferentes como un pizarrón, o algo que los haga sentir que dicho cambio es real y a fondo.
2. Que les queden bien claras las reglas del juego.
3. Que seas tan enérgica como las circunstancias lo ameriten para que se cumpla el límite "esa primera vez".

En el ejemplo que utilizamos, cuando sus hijos se salieron de su cuarto antes del tiempo estipulado, la mamá fue más enérgica de lo que acostumbraba a ser; tenía que serlo, ya que estaba consciente que el logro de "la primera vez" del cumplimiento de los límites, marcaría el logro del cumplimiento de los límites subsecuentes.

Caso 3. Mónica es una niña de ocho años de edad. A las 2:00 de la tarde todos los días su mamá pasa por ella a la escuela. Al llegar a su casa se quita el uniforme y se pone ropa cómoda, come, juega un rato y a las 4:00 de la tarde comienza a hacer la tarea. Mónica cursa el segundo año de primaria y no le dejan mucho trabajo para hacer en casa; en la escuela han informado a los padres que una hora es suficiente para terminar la tarea que les dejan a los niños de segundo, no obstante todos los días Mónica tiene algún problema al realizarla: no la apunta en la libreta de tareas, no trae los cuadernos indicados, se distrae, se pone a jugar o hacer otras actividades. La mamá está cansada de pasarse tres horas, todos los días, con su hija haciendo ese trabajo escolar, y a pesar de que constantemente la regaña por esta causa, cotidianamente viven la misma rutina. Hoy es uno de esos días.

MADRE "BUENA"

—Mi amor, ya son las 4:00 de la tarde, ponte a hacer la tarea, por favor.

—Sí mamá —contesta la niña y coloca su mochila en la mesa donde siempre hace la tarea, y se desaparece. 15 minutos después su mamá la echa de menos.

—Mónica, ¿dónde estás? ¿Por qué no estás haciendo tu tarea?

—Es que fui al baño mamá, pero ya regresé.

—Bueno, ponte a hacer tu tarea. A ver, déjame ver tu libreta de tareas.

—No la encuentro mamá.

—¡Cómo que no la encuentras! ¿Otra vez la olvidaste?

—Es que no la encuentro. Estoy segura que la puse en mi mochila, pero no está.

—A ver, déjame buscar a mí. Aquí está. Ya ves, sí la traes.

—Es que no la encontraba, mamá.

—Bueno, enséñame qué te dejaron de tarea. Aquí dice: "hacer cuatro veces" y no dice más. ¿Qué es lo que tienes que hacer cuatro veces? ¿Por qué no lo apuntaste?

—Es que la profesora borró muy rápido el pizarrón y no me dio tiempo de apuntarlo.

—Bueno, acuérdate. ¿Qué tienes que hacer cuatro veces?

—No me acuerdo.

—Pues trata de acordarte. Mientras que te acuerdas, veamos que más te dejaron de tarea. Aquí dice que tienes que completar las páginas 29 y 30 de tu libro de matemáticas. Saca tu libro de matemáticas.

—Sí. No lo encuentro mamá.

—¿Otra vez? A ver, déjame buscar. No está. No lo trajiste. ¿Por qué no lo trajiste?

—No sé. Yo puse en la mochila todos los libros que

la *miss* nos dijo. De veras mamá. Yo creo que se le olvidó decirnos que pusiéramos el de matemáticas.

—¡Ay, mi vida! ¿Qué voy a hacer contigo? Siempre es lo mismo. Si no se te olvida un cuaderno se te olvida otro. A ver, ya no tienes más tarea de español. Vayamos a la de inglés. Tienes que copiar tres veces las 10 palabras de *spelling*. Ándale ponte a copiarlas.

—Es que no tengo lápiz.

—Aquí hay uno. Toma. Ponte a copiarlas y en un momento regreso a revisártelas.

—Está bien.

15 minutos después.

—¿Ya terminaste?

—Todavía no.

—Bueno, pues ¡apúrate! Ya son las 5:00 de la tarde.

15 minutos después.

—¿Ya terminaste?

—Todavía no.

—¿Por qué no? Si sólo son 10 palabras.

—Es que se le rompió la punta a mi lápiz y no tengo sacapuntas.

—A ver, dame tu lápiz, aquí hay un sacapuntas. Toma, ya tiene punta. Termina la tarea por favor.

La mamá regresa 15 minutos después; Mónica juega.

—Mónica, ¿qué haces jugando? ¿Ya terminaste la tarea?

—Ya voy.

—Mi amor, es que ya son las 5:30 y todavía no has hecho casi nada. Te pones a trabajar en este instante.

Cinco minutos más tarde.

—Ya terminé.

—A ver, déjame ver. Mira qué letra tan espantosa, ni siquiera se entiende lo que escribiste. La próxima vez a ver si lo haces con mejor letra. ¿Qué más te dejaron? Déjame ver tu libreta de tareas. "Aprenderte el significado de

77

las palabras cuatro a seis de la lista del vocabulario." A ver, enséñamelas. Vamos a estudiarlas. Pero mi vida, ¡siéntate bien! Sentada así no vas a poder estudiar.

—Es que quiero tomar agua.

—Bueno ve, pero regresando empezamos a estudiar las palabras.

…Y la mamá continúa haciendo la tarea con su hija; son las 7:00 de la noche cuando terminan.

MADRE "MALA"

—Mi amor, ya son las 4:00 de la tarde, ponte a hacer la tarea, por favor.

—Si mamá —responde la niña y coloca su mochila en la mesa donde siempre la hace, luego se desaparece.

15 minutos después.

—Mónica, ¿dónde estás?, ¿por qué no estás haciendo tu tarea? Sabes, creo que ya es hora de que cambiemos la forma como la haces. De ahora en adelante voy a poner ciertas reglas que tú deberás cumplir. Te las voy a explicar pero todas te las escribí en este cuaderno para que las puedas repasar y no se te olviden:

1. Deberás ir al baño antes de empezar tu tarea porque una vez que empieces, ya no podrás levantarte de tu lugar ni para ir al baño, ni para tomar agua ni para ninguna otra cosa. Asimismo, deberás estar bien sentada, sin subir los pies ni a la silla ni a la mesa. ¿Te queda claro?
2. Aquí tienes dos lápices, una goma y un sacapuntas. Son exclusivamente para hacer tu tarea. Los voy a guardar en este cajón y no los puedes mover de lugar ni llevártelos a la escuela. Sólo los puedes sacar para hacer tu tarea y después los vuelves a guardar. ¿Te queda claro?
3. Cada vez que no anotes lo que te dejan de tarea en tu

libreta de tareas, yo te voy a dejar tarea: vas a escribir 30 veces, en este cuaderno que compré, "Debo anotar toda mi tarea".

—¿30 veces mamá? Es mucho.

—Sí, 30 veces, así que si no quieres hacerlo, más vale que si la maestra va a borrar el pizarrón, le pidas que no lo haga hasta que tú termines de copiar toda la tarea, y si lo borra entonces le pidas a algún compañerito que te deje copiarla en tu libreta. ¿Te quedó claro?

4. Cada vez que no traigas algún cuaderno en el cual te hayan dejado tarea, yo te voy a dejar tarea: vas a escribir 30 veces, en este mismo cuaderno, y con letra que se entienda, porque si no, lo repites: "Debo traer todos los libros y cuadernos para hacer la tarea"; y para que no se te olvide qué cuadernos debes traer todos los días, en el momento que toquen la campana vas a sacar tu libreta de tareas, vas a leer lo que te hayan dejado y en ese momento metes a la mochila el libro o cuaderno que necesitas para hacerlo. ¿Te queda claro?

—Pero 30 veces es mucho. Me va a llevar toda la tarde.

—Te lleva menos tiempo revisar tu libreta de tareas, por eso te aconsejo que no olvides hacerlo todos los días.

5. Tienes 40 minutos como máximo para terminar la tarea de inglés y 40 para terminar la de español. Si no terminas en esos 40 minutos, entonces no puedes jugar ni ver televisión en lo que resta del día y al día siguiente, en lugar de empezar a las 4:00 de la tarde a hacer la tarea, vamos a empezar a las 3:00 por lo cual no vas a poder jugar de tres a cuatro como siempre lo haces. ¿Te queda claro?

6. De ahora en adelante tú vas a hacer la tarea solita, tú vas a revisar tu libreta de tareas y sacar los libros o cuadernos que necesites. Cuando termines la tarea de español, te la voy a revisar, pero sólo a revisar, ya no la voy a hacer contigo. Después vas a hacer la de inglés y cuando la termines nuevamente te la reviso. Si tienes alguna duda

en tu tarea o hay algo que no entiendas o no sepas cómo hacerlo, entonces me puedes preguntar, pero tú la vas a hacer sola. ¿Te queda claro?

7. Cuando te dejen estudiar algo, como aprenderte algún cuestionario, o algún poema o las palabras del vocabulario, tú las vas a estudiar sola. Te voy a enseñar cómo se estudia, pero tú las vas a estudiar sola. Cuando ya te las hayas aprendido, entonces yo sólo te las voy a preguntar. No puedes pedirme que te pregunte si no te las has aprendido. ¿Te queda claro?

—Bueno, pues todo esto lo empezamos a hacer a partir de este día. Supongo que hoy no apuntaste algo de la tarea o no trajiste algún cuaderno, así que te voy a dar la oportunidad de que las reglas tercera y cuarta las empecemos hasta mañana, pero todas las demás las empezamos a partir de hoy y son las 4:40 de la tarde así que a partir de este momento empieza a contar el tiempo. Sé que será difícil mi amor, pero mira, para ayudarte te hice este letrero en grande que vamos a pegar en tu cuaderno de tareas que dice: "Revisar todos los libros y cuadernos que debo llevar a la casa para hacer mi tarea". Además, por cada semana que cumplas, es decir, que hayas apuntado toda la tarea que te dejaron, que no se te haya olvidado ningún libro y que termines a tiempo, durante toda la semana, te voy a llevar el sábado a ese parque que tanto te gusta ir; y esto será durante todo el tiempo que resta del año escolar. ¿Qué te parece? ¿Te agrada la idea?

—Sí, mucho.

—Bueno, empecemos entonces.

Consecuencia educativa de las madres "buenas"

La mamá de Mónica se ha dejado llevar por esa característica de algunos padres permisivos, que es la sobreprotección, esto es, son padres que buscan hacer por sus hijos lo que ellos pueden hacer por sí mismos. Como consecuencia de ello, su hija sucumbe y se convierte en floja, matando así su voluntad y convirtiéndose en dependiente de su madre para hacer su tarea. Una de las razones por las cuales los padres buscan hacer las cosas por sus hijos, es que creen que ellos no son capaces de hacerlas por sí mismos. En este caso valdría la pena que la mamá de Mónica pensara que si todos los demás niños pueden hacer su tarea por sí mismos, ¿qué la lleva a pensar que su hija no puede? Mientras la mamá de Mónica siga asumiendo las responsabilidades de su hija, entonces Mónica nunca tendrá la motivación necesaria para convertirse en un ser responsable.

Muchas madres arguyen que ayudan a sus hijos en sus tareas escolares solamente cuando las hacen mal y para que las hagan bien. Olvidan que la finalidad de la tarea no es que la entreguen completamente bien hecha sino para que repasen lo visto en el salón de clases o en su defecto, que se den cuenta de aquello que no entendieron. Si un niño al que le dejaron de tarea realizar cinco multiplicaciones, las lleva mal hechas porque no supo cómo hacerlas, entonces la maestra se dará cuenta que ese niño no entendió bien las explicaciones que al respecto hizo en clases y en consecuencia, dedicará más tiempo para enseñarle; en cambio, cuando la mamá se esmera para que su hijo lleve todas las multiplicaciones bien hechas, aunque ello implique que las realice por él, entonces la maestra asumirá que a ese niño le quedó muy claro cómo se multiplica y en consecuencia no invertirá más tiempo en enseñarle. Es necesario que los papás recuerden siempre que lo importante no es la calificación sino el que sus hijos aprendan.

Para esta mamá, la consecuencia por seguir haciendo la tarea con su hija, será que ésta nunca asumirá esa responsabilidad, siempre necesitará de alguien que le ayude y como no siempre habrá "alguien", se cargará con serios problemas durante sus años de estudio hasta que, un día, decida ya no estudiar. Por otro lado, y en forma contradictoria, aunque la mamá de Mónica le ha quitado a su hija la responsabilidad de la tarea, la regaña constantemente por todos sus incumplimientos. Dicha contradicción permanece en la mente de su hija y la transfiere a todo límite que su madre desee implementar. La niña sentirá entonces que es natural que siempre la regañen, sea su responsabilidad o no y por lo tanto, no podrá distinguir entre cuáles son y cuáles no sus responsabilidades, inutilizándola para adquirir dicho valor.

CONSECUENCIA EDUCATIVA DE LAS MADRES "MALAS"

En este caso, la mamá, cansada de pasar todas las tardes con su hija haciendo sus tareas escolares y, al darse cuenta del daño que esto le ocasionaba, decidió "tomar al toro por los cuernos" y hacer que su hija asumiera su responsabilidad. La madre de Mónica está consciente que las medidas impuestas a su hija a partir de ese día, son algo exigentes. También está consciente que para lograr el éxito, no basta con anunciarlas, sino que deberá llevarlas a la práctica, en todo momento y sin excepción, cada una de ellas, de lo contrario, su hija nunca asumirá la responsabilidad. Sin embargo, está dispuesta a cumplirlas. Sabe que su hija no cambiará de un día para otro, pero que en cuanto empiece a sentir cada consecuencia de cada incumplimiento, poco a poco, su hija irá asumiendo la responsabilidad.

Desgraciadamente, cuando nuestros hijos ya "traen cargando" un mal hábito, éste es más difícil de erradicar, por ello, es necesario recurrir a medidas extremas. Ya no basta con un "a partir de ahora tú te haces responsable"; ésa ya no es suficiente motivación para que el niño de un día a otro diga "sí mamá", y tome la responsabilidad; es necesario que el niño sienta que si no toma la responsabilidad, las consecuencias serán desastrosas para él. Sé que para algunos padres, sobre todo para los que son sobreprotectores, esto puede sonarles algo cruel, después de todo, la responsabilidad de que los hijos hayan adquirido hábitos negativos no es suya, sino de los padres. ¿Por qué entonces deberán ser ellos quienes "paguen" por esto? Porque desafortunadamente la historia nos ha enseñado que los hijos pagan los errores de los padres. Sin embargo, es preferible que nuestro hijo sufra un malestar ahora, con el fin de que adquiera el valor de la responsabilidad, a que sufra toda su vida por la carencia de éste. Por otro lado, entre mayor edad tengan nuestros hijos, es más difícil erradicar sus hábitos negativos; por lo tanto, las medidas que habremos de tomar, deberán ser más extremas: dolorosas para los padres y los hijos.

Límites de 9 a 12 años de edad, cuarta etapa de vida

El objetivo de esta cuarta etapa de vida, ya no es únicamente lograr la obediencia de nuestros hijos, sino que sientan, entiendan y comprendan que ya no tendrán ellos que cargar con el difícil compromiso de asumir el control. En la etapa anterior mencioné que, entre más grandes son nuestros hijos, es más problemático lograr una educación con límites. Para comprender en qué estriban las dificultades, considero importante que primero comprendamos cómo opera, en esta etapa de vida, la estructura emocional y racional en aquellos niños que hasta ahora han vivido con pocos o ningún límite, y que por ello se han visto obligados a asumir el control.

La inteligencia racional en los niños se desarrolla a medida que crecen, esto es, cuando son pequeños, su estructura de pensamiento es simple y conforme maduran ésta se hace más compleja, y trata de adaptarse al medio que la circunda. En cuanto a la conducta a seguir, los niños la aprenden, en primera instancia, de sus padres pero cuando éstos son débiles y manipulables, entonces no se sienten protegidos; por lo tanto, tampoco pueden mirar a sus padres con respeto por lo que no pueden aprender o tomar de ellos la conducta a seguir. Por otro lado, los padres al ser sobreprotectores y buscar complacerlos en todo para evitar enfrentarlos y contradecirlos, provocan que los niños no ganen la preparación necesaria para resolver cualquier situación conflictiva y que crezcan como seres indecisos, sin iniciativa e inseguros en sus acciones. Sin embargo, como medida de autodefensa, y escudados por el control que se les ha otorgado, los niños desarrollan una sensación de superioridad. Lo que se está haciendo con estos menores es despojarlos de algo esencial para su sano desarrollo: el permiso para ser niños y vivir como tales, puesto que se sabe que después se convertirán en adultos. Los niños de esta etapa que han crecido sin límites, se encuentran justamente en esta situación.

El desarrollo sano de un niño exige que perciba su propia eficacia desde que realiza sus acciones de manera consciente. Entre más real sea la forma en que el niño se enfrente a las experiencias de su propio poder o dominio —y en esta percepción entran también los límites de lo que está o no está permitido—, tanto mejor se desarrollará la identidad de su "yo", la valoración de sus propias fuerzas y debilidades, el aprecio y respeto a las otras personas y el verdadero amor a sí mismo y a los demás.

Cuando los niños de esta etapa tienen que enfrentarse a situaciones que sólo al adulto le corresponde, entonces no logran ni lo uno ni lo otro, esto es, ni ser niños ni adultos. Es sobrecogedor mirar cómo estos niños buscan desesperadamente una solución para esa situación insoportable de forma tal que, para sobrellevarla, usan su supuesta superioridad asumiendo así el poder sobre sus padres y logrando con ello lo único en lo que pueden confiar: el hecho de que sus confundidos padres se dejarán dominar por ellos. Esta situación le quita al niño la posibilidad de desarrollar confianza alguna convirtiéndose en un ser intranquilo, nervioso, hiperactivo, estresado o agresivo; y si el niño es temeroso, entonces tenderá más a replegarse sobre sí mismo y volverse compulsivo o depresivo.

Entrevistando a varias mamás con hijos en esta cuarta etapa, fue común escuchar cómo sus hijos se habían vuelto "últimamente" más agresivos, más contestones, más groseros, más irrespetuosos. Es importante que comprendas que tu hijo buscará incansablemente tener el poder ya que éste funcionará para él como un sucedáneo de "la seguridad" no otorgada por sus padres, esto es, sólo por medio del dominio de su entorno, el niño se sentirá seguro. Toda experiencia contraria, es decir, toda posibilidad de adaptación a la voluntad ajena significa para el niño la pérdida de la seguridad, lo que equivale a un peligro que amenaza su existencia misma.

Por ello es muy delicada la manera como, en esta etapa de vida, comencemos a imponer límites a nuestros hijos. Por un lado, es importante hacerlo con la misma exigencia que la aplicada en las tres etapas anteriores, pero por el otro, debemos buscar hacerlo con mayor compasión, paciencia y empatía, que el niño sienta en todo momento que se le ama y que lo que se pretende es que ya no tenga que cargar con una responsabilidad que no le corresponde asumir. Es necesario dar siempre explicaciones ya que en esta etapa tienen gran importancia en la mente de nuestros hijos. Es importante que ellos entiendan lo que van a ganar o perder en su vida presente y en su vida de adulto, con los nuevos cambios.

Cuando se comienza a implementar límites en esta etapa, los resultados, en un principio, parecieran ser contraproducentes, ya que los niños se volverán aún más groseros, más agresivos, más contestones; esto se debe a que para el niño comienza un proceso debilitador en el cual la compensación que antes conseguía mediante el dominio del entorno, como un sucedáneo de la seguridad, da un vuelco y se convierte en una descompensación drástica al desaparecer la satisfacción sustitutiva. El niño pierde su seguridad aparente, se siente no querido, solo y existencialmente en peligro, ocasionando con ello que, al tratar de mantener seguridad, tienda a adoptar un comportamiento mucho más agresivo o depresivo. Si tenemos paciencia y no nos dejamos vencer ante las insistencias, lloriqueos o agresiones de nuestros hijos, al final, lograremos nuestro objetivo: que nuestros hijos tengan un desarrollo sano asumiendo ahora nosotros el control.

Una gran dificultad con la que tropezamos todos los padres cuando nuestros hijos se encuentran en esta etapa, es encontrar un sano equilibrio respecto a la libertad que se les va a otorgar puesto que a esta edad es importante que los niños elijan algunas de sus actividades para que desarrollen confianza en ellos mismos y mejoren su autoestima con relación a su percepción de logro, individualidad y creatividad, pero asimismo que aprendan que la libertad tiene un precio relacionado con el respeto y la responsabilidad, y que su incumplimiento tiene consecuencias negativas.

En esta etapa, más que en cualquier otra, es importante tener claro —y recomiendo que sea por escrito—, todos los límites que vayas a trabajar con tus hijos y las libertades que estés dispuesta a otorgar. Determinar cuáles libertades darás sin condición y cuáles estarán condicionadas al cumplimiento de un límite, permitirá a tu hijo conocer los límites a los que puede llegar y con ello adquirir seguridad. Los niños necesitan certidumbre, es decir, conocer de antemano "las reglas del juego" y las consecuencias de cumplir o no con ellas. Si los padres aplican consecuencias diferentes, y suelen irse a los extremos, esto es, que unos días se muestren demasiado permisivos y otros muy estrictos en cuanto a las consecuencias, sólo provocarán que el niño se angustie tratando de adivinar cuáles serán las consecuencias de su conducta, ya que no sabe qué se espera de él y, por tanto, que no logre adquirir seguridad.

Un aspecto importante en la educación de los hijos y que no he mencionado hasta ahora, es que tenemos que aprender a ponernos límites a nosotros mismos, como padres, cuando nos percatemos que alguna de nuestras acciones o comportamiento está dañando a nuestros hijos. Muchos de los problemas que tienen nuestros hijos no se deben a la falta de límites o disciplina en su educación sino a la falta de límites, disciplina o valores en nuestro propio proceder hacia ellos. Este punto lo ejemplifico en el Caso 3 de esta etapa donde los límites que menciono no son para la hija sino para la madre, esto es, una vez que nos percatamos de algún daño que con nuestra conducta estamos haciendo a nuestros hijos y deseamos cambiarla, es importante saber cómo proceder con ellos para lograrlo.

Para ilustrar las formas de poner límites en esta etapa, veamos qué es lo que hacen los padres "buenos" y los padres "malos" con consecuencias negativas y positivas respectivamente, en relación con la educación de sus hijos.

Caso 1. Luisa es una niña de nueve años de edad. Sus padres están divorciados por lo que vive con su mamá. Debido al trabajo de su papá, Luisa no tiene un horario fijo para estar con él; cada vez que su papá la puede ver le habla con un día de anticipación, para avisarle a qué hora pasará al día siguiente a recogerla. No obstante de hablarle con un día de anticipación, es común que el papá sea impuntual y a veces hasta no pasa por ella. Obviamente cuando esto sucede, Luisa se enoja y el papá trata de compensarla. Hoy es un día en el cual su papá quedó de pasar por ella a las 4:00 y lo hizo hasta las 6:00 de la tarde. Veamos lo que sucede cuando Luisa se sube al coche.

PADRE "BUENO"

—¡Hola papá! —le dice enojada—. ¿Por qué llegaste tan tarde? Quedaste que me ibas a recoger a las 4:00 de la tarde y llevo dos horas esperándote.

—Mi amorcito, perdóname. Tuve una cita de trabajo y no me pude salir a tiempo.

—Es que eso me dices siempre y siempre se te hace tarde.

—Eso no es cierto, no siempre se me hace tarde y cuando se me hace tarde es porque no puedo salirme del trabajo. Tú me entiendes, ¿verdad mi vida? Además, a partir de este momento vamos a hacer lo que tú quieras mi amor. A ver, dale un beso a tu papito y dile que ya no estás enojada. ¿Quieres que vayamos de compras? ¿Qué quieres hacer? Lo que tú quieras mi vida.

—Quiero que me lleves a ver la película del *Exorcista* porque mi mamá no me quiso llevar que porque era sólo para adultos; y después quiero que vayamos a comprar una tele de plasma porque ésas están bien chidas y mi mamá no me la quiere comprar que porque ya tengo una, pero yo quiero una de ésas.

—Pero yo creo que no te van a dejar entrar a ver esa película porque es cierto que es sólo para adultos.

—Claro que sí, a mi amiga Susana la llevó su papá y la dejaron entrar porque iba con él.

—Pero esa película no te va a gustar, te va a dar miedo y luego no vas a poder dormir bien.

—No, no me da miedo y no por eso no voy a dormir. Además, tú dijiste que íbamos a hacer lo que yo quisiera y eso es lo que quiero. Recuerda que tú llegaste tarde dos horas.

—Está bien mi vida, lo que tú digas, pero si luego no puedes dormir, no me eches a mí la culpa; y si se enoja tu mamá le dices que tú insististe. ¿De acuerdo?

—Mejor no le decimos a mi mamá que la fuimos a ver, así no me regaña ni te dice nada a ti.

—Lo que tú quieras mi vida. Ya ves cuánto te quiere tu papá que te consiente en todo.

—Sí, pero siempre pasas tarde por mí.

—Pero ya te expliqué lo que pasó. No es que yo no quiera pasar a tiempo por ti sino que no siempre se puede hacer lo que uno quiere. A ver, ¿qué dijiste que querías que te comprara después de ver la película?

—Una televisión de plasma.

—¿Y la que tienes en tu cuarto?

—Es que ésa ya no me gusta, no se ve igual que las de plasma. ¿Verdad que me la vas a comprar? Tú dijiste que me comprarías lo que yo quisiera.

—Bueno, pero ésas cuestan mucho dinero y en estos momentos no tengo para comprártela. Después te la compro.

—No, yo quiero que me la compres ahora. Tú dijiste que me comprarías lo que yo quisiera.

—Pero es que ahora no tengo dinero. Si quieres te compro otra cosa que no sea tan cara y después te compro la tele.

—Después, ¿cuándo?

—Cuando tenga dinero.

—Y, ¿cuándo es eso?

—No lo sé, en un mes o dos, no lo sé. Cuando tenga dinero te la compro.

—Conste, eh. Cuando tengas dinero me la compras y hoy me compras un videojuego nuevo y una caja de chocolates. ¿Está bien?

—Está bien, mi vida. Lo que tú digas.

PADRE "MALO"

—¡Hola papá! —le dice enojada—. ¿Por qué llegaste tan tarde? Quedaste que me ibas a recoger a las 4:00 de la tarde y llevo dos horas esperándote.

—Mi amorcito, perdóname. Tuve una cita de trabajo y no me pude salir a tiempo.

—Eso me dices siempre y siempre se te hace tarde.

—Sabes que, Luisa, tienes razón, yo quedé de recogerte a las 4:00 de la tarde y no cumplí. Tienes razón en estar enojada. Si uno promete algo, debe cumplirlo sin pretexto alguno y yo no cumplí contigo. No tengo excusa y sé que te va a costar trabajo volver a confiar en mí; pero de ahora en adelante voy a cumplir todo lo que te prometa. Para empezar voy a asignar un día a la semana el cual siempre será para ti. No voy a permitir que ni mi trabajo ni ningún otro compromiso me haga fallar. Sé que es cuestión de prioridades, así que de ahora en adelante tú estarás como mi prioridad un día de la semana que juntos determinaremos y te recogeré a la hora de comer. Si además de ese día puedo verte algún otro, te voy a hablar con un día de anticipación. Es verdad que del trabajo no siempre me puedo salir a la hora que quisiera, sin embargo, lo que te propongo es que, en esos casos, no te voy a dar una hora específica a menos que esté seguro que sí puedo cumplir con ese horario. Cuando no esté seguro te lo haré saber de antemano para que no estés esperándome y además te voy a hablar por teléfono para avisarte que voy a llegar tarde y cuánto tiempo me retrasaré, porque no es justo que te quedes esperándome. ¿Te parece bien?

—Sí, pero como llegaste tarde, ahora me llevas a donde yo quiera, y también quiero que me compres una tele de plasma.

—Mira, la tele de plasma no te la voy a comprar por dos razones: la primera, porque es muy cara y no puedo pagarla; la segunda, y la más importante, porque ya tienes una televisión y no necesitas otra.

—Sí, pero la que tengo no me gusta.

—Pues no sé por qué no te gusta. Es una televisión buena que muchos niños quisieran tener una igual.

—La última vez que nos vimos me dijiste que me ibas a comprar todo lo que yo quisiera y ahora me dices que no. No es justo.

—Es verdad que te dije eso y lamento haberlo hecho. No me había dado cuenta del daño que te estaba haciendo. Lo único que te puedo decir es que de ahora en adelante sólo te diré cosas que te pueda cumplir y sólo te compraré cosas que realmente necesites.

—No es justo, papá, nunca me habías tratado tan mal.

—Entiendo que sientas que te trato mal, después de todo nunca platico contigo, y cuando salimos sólo vamos al cine, a mi casa, donde tú juegas con los videojuegos o ves una película, o vamos de compras. De ahora en adelante empezaremos a hacer otro tipo de actividades.

—¿Como qué?

—Como caminar por un parque para platicar, comprar un helado, ir a patinar o andar en bici juntos, ir al zoológico o algún museo o quedarnos en la casa a jugar algún juego de mesa.

—Pues nada de eso me gusta hacer. Además, hoy quiero que me lleves al cine y sigo enojada contigo.

—Bueno, hoy te voy a llevar al cine como me lo pides, pero de ahora en adelante cada vez que salgamos, tú escoges una vez a dónde vamos a ir y yo escojo la próxima. Estoy seguro que poco a poco te van a gustar las nuevas actividades.

—¿Y si no me gustan?

—Si no te gusta después de haber realizado dos veces alguna actividad, entonces la descartamos. Lo que quiero es que juntos descubramos actividades en las que podamos compartir. ¿Te parece bien?

—La verdad papá es que estás muy raro el día de hoy. Espero que la próxima vez que nos veamos ya se te haya pasado eso que fumaste. Pero bueno, ¿ya podemos irnos al cine?

—¿Cuál película quieres ver?

—La del *Exorcista*.

—No, porque esa película es para adultos y no creo que sea conveniente que la veas.

—Mira papá, para empezar tú ya me has llevado antes a ver películas de adultos y sí me dejan entrar.

—No es porque te dejen entrar o no. Es porque ya conozco esa película y no considero que a tu edad sea conveniente que la veas.

—Tú siempre me has llevado a ver las películas que yo quiero.

—Pues de ahora en adelante te voy a llevar a ver las películas que tú quieras, siempre y cuando sean acordes con tu edad.

—Pero papá, mi amiga Susana ya vio esa película y no tiene nada de malo. Por favor, llévame a ver ésa.

—Lo lamento Luisa, pero no te voy a llevar a ver esa película. Escoge otra.

—Es que no quiero ver otra, yo sólo quiero ver ésa.

—Ya dije que no.

—Pues entonces ya no quiero salir contigo. Quiero que me lleves a mi casa y no te quiero volver a ver hasta que vuelvas a ser como antes.

—Lamento mucho que estés tan enojada pero si te pones a pensar, antes no te cumplía lo que te prometía y ahora estoy dispuesto a tratar de cumplirte en todo. Por otro lado, si te consiento en todo lo que quieres, no te estoy haciendo ningún bien. Lo que estoy tratando de hacer es ser un mejor padre para ti, empezarte a enseñar lo que es correcto y lo que no lo es y lo que es valioso y lo que no lo es.

—No te entiendo nada papá.

—Lo sé y discúlpame por haber recapacitado tan tarde. No espero que me entiendas en este momento, después de todo yo mismo te inculqué esas ideas. Lo único que te pido es que me des una oportunidad.

—No, yo quiero que las cosas sean como eran antes y si no prefiero que me lleves a mi casa.

—Si eso es lo que quieres está bien.

Consecuencia educativa de los padres "buenos"

El papá de Luisa actúa como muchos padres divorciados lo hacen con sus hijos, en mayor o menor escala. La característica que define a todos estos padres es el egoísmo, ya que buscan principalmente ser amados y aceptados por sus hijos, sin importar el costo y la afectación que sus actos puedan causar en ellos. Si analizamos detalladamente las consecuencias de este comportamiento "tan cariñoso y consentidor" pero tan informal, de este padre hacia su hija, encontraremos varios factores, pero antes quisiera mencionar de qué forma afectan estos padres a sus hijos y a sus hijas.

En el caso de las mujeres, se dice que muchas de ellas se casan con hombres que en esencia son iguales que sus padres, y que las mujeres buscan hombres iguales a sus padres. En realidad no es que una mujer busque a un hombre igual a su padre, sino a lo que en esencia aprendió de él y a los valores y convicciones que adquirió en su convivencia mutua. Para ejemplificar lo anterior, veamos el siguiente análisis del comportamiento del padre de Luisa:

• La incapacidad de comprometerse con un horario fijo con su hija (ejemplo: todos los martes de 4:00 de la tarde a 8:00 de la noche, o un fin de semana sí y uno no, etcétera), así como la incapacidad de llegar a tiempo, provocan que a medida que su hija vaya saliendo de la niñez, sienta que nunca fue prioridad para su padre, o al menos no lo suficiente como para que adquiriera un compromiso con ella. Esto conlleva un sentimiento de desvalorización y falta de autoestima en la hija y, como consecuencia, en sus relaciones futuras de pareja mostrará la misma desvalorización y se relacionará con hombres que la traten igual, es decir, que la dejen plantada o que nunca asuman un compromiso serio en la relación. Por otro lado Luisa, a su vez, será una persona que carezca del valor del compromiso, esto es, no tendrá la capacidad ni de darlo ni de exigirlo de los demás, ya que no le fue inculcado. Esta falta de compromiso no le permitirá cumplir con varias de sus responsabilidades: sus estudios, su trabajo, sus relaciones sociales, etcétera.

• El hecho de que el padre trate de compensar su falta de compromiso dándole a su hija todo lo que ésta desee, y el hecho de que le haga sentir cuánto la quiere consintiéndola, es decir, aceptando sus caprichos sin importarle si la perjudica o no, tiene, entre otras, estas consecuencias: a) Que su hija crezca pensando y sintiendo que el amor se puede comprar; esto la llevará, en el periodo de la búsqueda de pareja, a tratar de comprar el amor ofreciendo cualquier cosa por ello; y a aceptar la falta de compromiso de la pareja a cambio de obtener cualquier cosa material, esto es, buscará parejas que la llenen de cosas materiales pues para ella eso significa amor. b) Que su hija crezca como una persona caprichosa y manipuladora, con baja tolerancia a la frustración, pensando y sintiendo que las personas que la rodean están obligadas a cumplirle sus caprichos.

• Cuando el padre promete comprarle a su hija la televisión que ésta quiere, aunque en este caso no la puede comprar porque no tiene el dinero suficiente, y elude la responsabilidad de hacerlo al no decirle cuándo, nuevamente el padre enseña a su hija que la palabra no tiene valor y que las promesas son suficientes para demostrar amor. Como consecuencia de ello, en sus relaciones personales y de pareja, Luisa siempre terminará conformándose con promesas. En cuanto a la pareja, además de las características que Luisa buscará en ésta, ya mencionadas, sin importar qué tantas humillaciones o desprecios pueda recibir, siempre terminará cediendo ante las disculpas y las promesas de amor.

En los casos en que los padres con este comportamiento

tienen hijos varones, lo más probable es que la forma de ser de éstos, siguiendo esta misma analogía del comportamiento, pasen a formar parte del tipo de hombres semejantes a los que Luisa buscaría: que mienten para conseguir lo que quieren, incapaces de adquirir compromisos emocionales, con falta de autovaloración y autoestima, que tratan a la mujer como si fuera un objeto.

CONSECUENCIA EDUCATIVA DE LOS PADRES "MALOS"

Por su naturaleza, todos los seres humanos desean ser amados, sobre todo por los hijos. Por ello, es común que los padres hagan cosas que aseguren ese amor. Por otro lado, los padres también tienen un sentimiento amoroso hacia sus hijos. Al conjuntar estos dos sentimientos, el de amar y desear ser amado, es cuando los padres buscan compensar y complacer en todo a los hijos. Erich Fromm menciona en su libro *El arte de amar* que el verdadero amor es "desearle el bien a otra persona y hacer todo lo posible por conseguirlo". Estoy segura que la mayoría de los padres desean el bien de sus hijos, sin embargo, el problema de muchos de ellos reside en no considerar el bien mayor, esto es, buscan el bien inmediato olvidándose del bien posterior. Para educar con límites se debe estar dispuesto a no buscar ser aceptado durante la niñez de los hijos. Conozco a muchos niños que se enojan con sus padres porque no los consienten en algo que a sus amigos sí les consintieron; sin embargo, los padres mantienen su postura porque saben que a la larga su hijo obtendrá un bien mayor. Conozco a muchos adultos que, educados con límites y con un amor no egoísta, actualmente velan y aman a sus padres aunque de niños en varias ocasiones se hayan enojado con ellos.

En nuestro ejemplo anterior, el padre un buen día y

después de haber asistido a un curso sobre el significado del verdadero amor, decidió dejar atrás el amor egoísta que lo caracterizaba y buscar por primera vez hacerse consciente de sus actos y de las consecuencias de cada uno de ellos. Deseaba que su hija fuera capaz de sentir y aprender lo que era el amor responsable, comprometido y veraz. Sabía que en primera instancia su hija lo rechazaría, a lo que no estaba acostumbrado, pero sin importar el dolor que le causara no quitaría el dedo del renglón esperando que algún día su hija lo entendiera. Entre las decisiones que tomó, y que se reflejan en la conversación con su hija, están las siguientes:

• Enseñarle el valor del compromiso: acepta seriamente verla en un horario fijo y cumplirlo, lo que causará que su hija sienta que es importante para su padre, al mismo tiempo que adquirirá un sentimiento de autoestima, además de aprender el significado del compromiso.
• Reconocer sus errores frente a su hija sin buscar excusas: el padre dice a su hija que tenía razón de estar enojada pues él no cumplió. Reconocer nuestros errores como padres ante nuestros hijos nos ayuda a luchar cada día para no volverlos a cometer, además de que permite ver a nuestros hijos que tenemos ese defecto, que está mal y por lo tanto les ayuda para que no lo adquieran.
• Enseñar que los errores de los padres no se pagan con recompensas: el padre por primera vez dice a su hija que no la llevará a donde ella quiera ni le comprará lo que ambiciona, lo que antes siempre hacía para compensarla por impuntualidad. Aunque los padres cometan una falta, ésta nunca deberá subsanarse con una recompensa, de lo contrario los hijos nunca conocerán el valor de la falta. Es bueno disculparse con los hijos, hacerles saber que así como tú los estás educando para que sean mejores personas, de la misma forma tú también te estás esforzando

por ser un mejor padre, esto les permitirá a los hijos sentirse acompañados en el esfuerzo por adquirir un buen hábito o un valor.

• Enseñarle el valor de la confianza y de la verdad: el padre decide hablarle a su hija sinceramente y sin falsedades, aunque a ésta no le guste. Al no hacerle espurias promesas, su hija siempre sabrá en qué puede y en qué no contar con su padre. Esto permitirá a la hija confiar en lo que su padre le diga, tal vez no le agrade cuando éste diga "no", pero con la misma seguridad confiará en los "sí". Este hecho ayudará a su hija a crecer con confianza en sí misma tanto como en los demás.

• Enseñarle el verdadero valor de las cosas materiales: el padre decide y dice a su hija que ya no le comprará todo lo que le pida sino únicamente lo que necesite. Cuando a los niños se les compran demasiadas cosas o muy caras, pierden la noción del valor de las cosas materiales, haciéndolos más egoístas y egocentristas. Esto provoca que no entiendan el valor del esfuerzo, pues para ellos basta con pedir algo para obtenerlo; y que se insensibilicen ante las necesidades y los sentimientos de los demás. Aprenden a privilegiar en su vida los valores materiales frente a los valores morales, y a medida que crecen desplazan por completo a estos últimos, lo que les deja un vacío de orden espiritual.

• Tener más y mejor comunicación con su hija, conocerla por medio de actividades que se presten para este fin: la mejor forma de conocer a nuestros hijos, saber qué piensan, qué sienten, qué les inquieta, etcétera, es interactuando con ellos practicando actividades que se presten para este fin: caminar con ellos, hacer días de campo, ir a un restaurante o hacer la comida juntos, visitar el zoológico o algún parque; práticar algún deporte juntos, jugar con algún pasatiempo de mesa; en cambio, actividades como ir al cine, de compras o sentarse frente al televisor o la computadora, son actividades que no fomentan la comunicación ni la interacción.

• Decir "no" cuando se trate de algo perjudicial para su hija, indicando la razón del "no". Muchos padres al querer satisfacer todos los deseos y caprichos de sus hijos, no se detienen a pensar si eso a lo que están accediendo les ayuda en su formación o no, sólo lo dan; otros padres tienen la percepción que no será algo bueno para sus hijos pero ante la insistencia de éstos, flaquean y dicen "sí", no sin antes lavarse las manos y pasarles la responsabilidad a ellos: "pero si no puedes dormir, después no me eches a mí la culpa"; un tercer grupo de padres son los que también perciben que no será algo bueno para sus hijos pero no se atreven a decir que están en desacuerdo y buscan una razón externa para lograr que sus hijos no realicen aquello que desean: "yo creo que no te van a dejar entrar a ver esa película porque es sólo para adultos". El último grupo es aquel en el que los papás dicen no y por qué: "No es porque te dejen entrar o no. Es porque ya conozco esa película y considero que a tu edad es inconveniente que la veas". Cuando los papás dicen "no", lo más probable es que los hijos, en primera instancia, se molesten, pero poco a poco abandonan ese sentimiento de malestar porque descubren que son importantes para sus padres y que éstos se preocupan por ellos; a su vez, comprenden el significado y la razón de los límites.

Roma no se hizo en un día. Es de esperar que cuando los padres comienzan a tener cambios favorables en la educación de sus hijos, éstos de entrada rechacen ese cambio. Sin embargo, si como padres perseveramos sin flaquear, al final cosecharemos los frutos.

Caso 2. Pablo es un niño de 10 años de edad. Cuando tenía cinco años nació su hermanito; poco después sus padres se separaron, quedándose los dos hermanos con su mamá. Como la mamá tiene que trabajar todo el día, Pablo y su hermano asisten a una escuela cuyo horario les permite quedarse hasta las 7:00 de la tarde. Pablo siempre ha sido un niño muy inquieto, pero últimamente se pelea con otros niños en el colegio, no cumple con sus tareas escolares, reta a los profesores y a su mamá. La mamá de Pablo ha sido siempre exigente con él y Pablo solía cumplir con dichas exigencias, sin embargo, actualmente ha recibido varias quejas por su comportamiento en la escuela, a ella misma le contesta de forma grosera, no cumple con lo que le pide o exige; en resumen, se la pasan peleando todo el tiempo. Hoy es un día de ésos.

Madre "buena"

—Pablo, enséñame tu libreta de tareas para que te la firme.

Quince minutos después.

—Pablo, no me oíste, tráeme tu libreta de tareas para que te la firme, pero ya.

—Aquí está.

—Otra vez te mandaron un reporte de mala conducta; ¿por eso no querías traerme la libreta, verdad? Para que no me diera cuenta. ¿Qué está pasando contigo?

—No fue mi culpa, mamá.

—Sí, eso me dices siempre, pero tus maestras dicen que eres tú quien comienza a pelear. Ya estoy cansada de que siempre te estés peleando.

—Y yo ya estoy cansado de que tú siempre me eches la culpa.

—Pues si no te pelearas tanto, no te diría nada.

—Aunque no me peleara de todas formas te quejarías de mí.

—Bueno, pues si nunca arreglas tu cuarto, ni haces tu tarea, pues claro que me quejo de ti.

—Ya ves, siempre te quejas de mí, en cambio de mi hermano nunca te quejas.

—Tu hermano no me da guerra como tú, ni me contesta como tú.

—Ya estoy harto de ti, siempre me estás gritando.

—La que está harta aquí soy yo. Trabajo todo el día para pagarte una buena escuela y que tengas una buena educación y mira lo que obtengo.

—Pues si quieres ya no me pagues nada, de todas formas esa escuela ni siquiera me gusta. Por mí me puedo quedar en la casa todo el día.

—Pues si sigues comportándote como te comportas, eso es lo que vas a obtener, que te expulsen de la escuela y que te quedes aquí todo el día, porque así no creo que te acepten en otra escuela.

—Pues qué bueno, no quiero que me acepten en otra escuela, y ya déjame en paz.

—Pues no te voy a dejar en paz y ya que quieres quedarte en la casa, no vas a salir este fin de semana. Te vas a quedar en la casa todo el fin de semana para que sepas lo que es estar encerrado.

—Pues no me importa y ya lárgate y déjame en paz.

—Ya me voy, grosero, y ya sabes, eh, no sales este fin de semana.

—Que me dejes en paz, láaargate.

MADRE "MALA"

—Pablo, enséñame tu libreta de tareas para que te la firme.

Quince minutos después.

—Pablo, no me oíste, tráeme tu libreta de tareas para que te la firme.

—Aquí está.

—Otra vez te mandaron un reporte de mala conducta;

¿por eso no querías traerme la libreta, verdad? Para que no me diera cuenta. ¿Qué está pasando contigo?

—No fue mi culpa mamá.

—Mi vida, hay un dicho que dice: "Dos no pelean si uno no quiere". ¿Sabes lo que eso significa?

—Es que me estaban molestando, mamá.

—No importa lo que los demás hagan, si tú decides no pelear, entonces no peleas. ¿Sabes por qué se pelea la gente?

—¿Por qué?

—Porque está enojada; entonces cuando a alguien le dicen cualquier cosa, reacciona enojado, ve todo negativo y termina peleando.

—Pero es verdad que me estaban molestando mamá.

—Te creo, pero también es verdad que de ti depende si les haces caso o no y si te enojas o no. ¿Estás consciente que constantemente te enojas y casi por cualquier cosa?

—Sí.

—Ahora dime, ¿por qué crees tú que te enojas tan fácilmente? ¿Qué es lo que te molesta?

—Que tú nunca me crees y que siempre me estás gritando.

—Sabes qué, tienes razón, yo te grito constantemente y sé que eso está mal. Primero que nada, quiero que sepas que si lo hago no es porque no te quiera sino porque, como tú, yo tampoco me sé controlar a veces; pero ahora estoy consciente del daño que te he hecho y no deseo hacerlo más. De ahora en adelante las cosas van a cambiar, así que te propongo lo siguiente: a partir de ahora te voy a pedir las cosas bien, no te voy a gritar ni a agredir y te voy a escuchar. Sé que me va a costar mucho trabajo porque la verdad es que me desespero muy pronto contigo, sin embargo, prometo poner todo mi esfuerzo para lograrlo. ¿Te agrada eso, te agrada que mamá ya no te va a gritar?

—Sí, siempre y cuando lo cumplas.

—Te prometo hacer todo lo posible por cumplirlo. De hecho, si en algún momento te das cuenta que empiezo a perder la paciencia, a hablarte de mal modo o a agredirte, te voy a pedir que en ese momento me digas: "Mamá, recuerda tu promesa", de esa forma me será más fácil mantener el control. ¿Te parece bien?

—Está bien, me parece muy bien.

—Bueno, pero tú también vas a tener que poner de tu parte. ¿Estás consciente de que constantemente peleas y que no puedes seguir dañando a la gente peleándote?

—Sí.

—¿Crees tú que está bien que sólo porque estás enojado, le pegues a los demás?

—No.

—¿Estaría bien que el vecino de al lado viniera a pegarte cuando esté enojado?

—No.

—¿Eso te molestaría, verdad?

—Sí.

—Nadie tiene derecho a pegarle ni a agredir a nadie y así como a ti no te gustaría que alguien te pegara o te agrediera sólo porque está enojado, a la demás gente tampoco les gusta. Sé que hay algunas personas que molestan a otras. Tú has visto cómo grita el vecino. ¿Cierto? Bueno, aunque sus gritos nos molesten, no por eso tenemos derecho de pegarle o de agredirlo. ¿No crees?

—Sí.

—Bueno, pues entonces ya sabes que no hay razón alguna para que le pegues a alguien, aunque esa persona te haya molestado. ¿De acuerdo?

—Está bien.

—Sé que tu enojo no va a desaparecer de un día para otro, sin embargo, tu forma de reaccionar sí la puedes cambiar de un día para otro. Prometo platicar contigo seguido para ayudarte a desaparecer tu enojo, pero tú debes prometer que no volverás a pelear.

—¿Y si me molestan?

—Pues no les hagas caso. Diles que no quieres pelear, date la vuelta y vete con otros niños. ¿Crees que lo puedas hacer? ¿Crees que lo puedas intentar?

—Sí.

—Y si me llegara otro reporte de mala conducta, ¿qué crees tú que debamos hacer?

—Entonces no salgo el fin de semana.

—Me parece bien.

Consecuencia educativa de las madres "buenas"

Esta mamá, a diferencia de aquellas que sobreprotegen a sus hijos otorgándoles el control de su educación, ha sido exigente con sus hijos. Sin embargo, como muchos padres lo hacen, confunde la exigencia con el autoritarismo y el maltrato hacia sus hijos. Sus exigencias y su comportamiento, lejos de ayudar a su hijo a no pelear más, sólo provoca más enojo en él, es decir, no está consciente de que ese mismo enojo es el que lo lleva a pelear, a no cumplir con sus tareas escolares, a retar a los profesores y a ella misma. Esta mamá está más preocupada por ejercer el control que ver lo que realmente le está transmitiendo a su hijo, las emociones que en él prevalecen y los valores que está adquiriendo. Si analizamos el diálogo que sostuvo con su hijo, encontraremos los elementos siguientes:

• Le dice que está cansada de que siempre se esté peleando: no le transmite como razón de no pelear, el respeto hacia los demás sino el hecho de que la cansa.

• El hijo le reclama y le dice que "aunque no me peleara de todas formas te quejarías de mí" y ella lo confirma: en el diálogo, sobre todo en el contenido de esa oración y en el de la anterior, la madre le confirma al hijo su enojo contra él, su decepción, su frustración y el hecho de sentir que todo lo que hace su hijo es para hacerla enojar. Siendo así, ¿para qué habría de cambiar el hijo? De todas formas la madre siempre va a encontrar una razón para restregarle su decepción en su cara.

• La madre le dice que trabaja todo el día para pagarle una buena escuela y que tenga una buena educación, y que a cambio obtiene nada. Este tipo de chantaje suele ser común en algunos padres, sin darse cuenta que lo único que obtienen es más resentimiento en sus hijos. Por un lado, al decirle la madre que trabaja para pagarle una buena escuela, no le transmite al hijo el valor del amor al trabajo sino más bien le hace sentir que el trabajo es una carga con la que se tiene que vivir y que él, a su vez, es una carga con la que tiene que lidiar. Cuando los padres hacen sentir a los hijos que son una carga y lo que hacen por ellos es a su vez una carga, esto suele generar mucho enojo y desesperación en los hijos, sobre todo porque no se siente amados por sus padres. No se sienten dignos de ser amados ni respetados y al llegar a la adolescencia o adultez, suelen llevar una vida sumamente autodestructiva.

• El hijo pide que lo deje en paz y la madre contesta que no lo va a dejar en paz. No hay mayor forma de mostrar el respeto hacia una persona que dejándola en paz cuando nos lo pide, incluyendo a los hijos; y no hay mayor agravio hacia una persona que seguir instigándola cuando ésta nos pide que la dejemos en paz. Instigar a una persona, sobre todo a los seres queridos, suele convertirse en una tortura para la parte receptora. Personalmente he visto a muchas parejas instigarse y a muchos padres hacerlo con sus hijos. Entre adultos no hay mucho que decir al respecto, es la decisión de uno hacerlo y la del otro aceptarlo. Sin embargo, cuando se trata de los hijos, cuando se supone que nuestra labor de padres es brindarles amor, respeto por sí mismos y por los demás, guía, con el fin de que crezcan con autoestima, paz, amor a la vida y todo aquello que sólo los padres pueden proporcionar, considero cruel su actitud instigadora hacia sus hijos ya que las consecuencias suelen ser contraproducentes.

Para este tipo de padres, que no controlan sus impulsos y agreden a sus hijos, les recuerdo que "los hijos aprenden lo que viven" por lo tanto no les extrañe que sus hijos actúen igual, sin control, agresivos pero con una mayor desventaja: sin autoestima y con un sentimiento de auto-destrucción el cual expresarán con mayor vigor durante la adolescencia o en la adultez.

CONSECUENCIA EDUCATIVA DE LAS MADRES "MALAS"

Esta madre que durante los últimos años no hacía otra cosa más que pelear y agredir a su hijo. Un buen día, después de haber leído un libro que le ayudó a reflexionar, tomó conciencia del mal que le estaba haciendo y decidió que nunca es tarde para cambiar ni para demostrar un amor sano, por ello, haciéndose consciente de cada palabra que emitía, mantuvo con su hijo una plática; y éstas son las consecuencias:

• Empieza hablándole en forma tranquila, sin agredirlo, incluso con palabras amorosas. Esto permite que el hijo se abra, que sienta que lo que le va a decir su mamá no es para molestarlo o porque no lo quiere, sino porque hizo algo que está mal.
• La madre busca hacer consciente a su hijo de las razones que se tienen para pelear y de cómo éstas se asocian con el enojo. Esta plática corresponde a lo que yo llamo "educar

con conciencia" y de lo que hablo mucho en mi primer libro. Es importante que los padres ayudemos a nuestros hijos a identificar las emociones que los rigen, las causas de ellas y la forma de reaccionar ante cada una.

• La madre se interesa por saber cuál es la causa del constante enojo de su hijo y acepta su coparticipación en dicha causa. Aceptar que estamos haciendo algo mal ante nuestros hijos es el primer paso y el más importante en el cambio de nuestra educación, ya que de alguna forma nos permite comprometernos desde lo más profundo de nuestro ser en una acción que, por cierto, es bastante difícil de cumplir. Cuando menciono aceptar ante nuestros hijos lo que estamos haciendo mal, es importante que dicha aceptación contenga un matiz de arrepentimiento y deseo de cambio. No se vale hacerlo con el fin de hacerse la víctima. He escuchado a algunas madres decirles a sus hijos cosas como: "Claro, yo soy la culpable", "si tú crees que es mi culpa pues lo acepto" o frases semejantes. No se trata de cargar con una culpabilidad o transmitirla, se trata de analizar los errores que estamos cometiendo con nuestros hijos y enmendarlos con el fin de que éstos crezcan libres y con un sentimiento de autoaceptación.

• Después de que la madre acepta sus errores en la educación que le ha dado a su hijo y ante éste, primero que nada le hace ver que no es porque no lo quiera sino que, como humana que es, también tiene defectos pero que está dispuesta a luchar por superarlos y se compromete a acciones específicas, como el pedirle las cosas de buena manera, no gritarle, escucharlo y no agredirlo, y genera una estrategia para cumplirlo. Este diálogo encierra muchas cosas positivas. La primera de ellas es el otorgarle a su hijo el sentimiento de amor incondicional, el cual es vital para que éste crezca con autoestima y emociones positivas. La segunda es el hecho de que el hijo se dé cuenta de que todos somos humanos y tenemos defectos, incluyendo los padres. La tercera es que al ver el hijo que su madre está dispuesta a luchar por superar sus defectos, por el amor que le tiene, permite al hijo buscar hacer lo mismo, además de enseñarle el valor del esfuerzo de la forma más sublime. La cuarta es que al comprometerse la madre en acciones específicas para cumplir con su hijo, entonces, como madre que es, estará en posición de enseñar y pedir a su hijo acciones específicas para mejorar.

• La madre utiliza la empatía para hacerle ver a su hijo por qué no se debe golpear a alguien. La mejor forma que los niños (y los adultos también) comprendan el daño que se pueden causar con algunas acciones, es que se pongan en los zapatos del otro, es decir, ponerlos en el lugar del agredido y que reflexionen si les gustaría recibir ese trato: que comprendan que así como a ellos no les gustaría, a los otros tampoco. La empatía y la compasión son dos emociones que cuando se despiertan en las personas, éstas suelen actuar con mayor prudencia y generar mejores emociones hacia sí mismas y hacia los demás. Recomiendo trabajar mucho estas dos emociones en los niños.

• La madre promete seguir platicando con su hijo. De esta forma le demuestra interés por conocer sus emociones, por interactuar con él y, sobre todo, le demuestra que le importa y que lo ama.

• La madre establece un límite y la consecuencia si no se cumple, de común acuerdo con su hijo. A pesar de la plática amorosa y consciente de esta madre con su hijo, los límites quedan claros, el hijo no puede volver a pelear y, de hacerlo, no saldrá el fin de semana. Cuando se establecen los límites y las consecuencias por no cumplirlos, éstos deberán hacerse en forma previa a la transgresión, es decir, que los hijos siempre sepan de antemano, cuál será la consecuencia por no cumplir con determinado límite. Asimismo, es importante que los padres no digan cuál será la consecuencia por la transgresión de un límite cuando están enojados. No se vale que los padres les griten a los hijos cosas como: "pues ahora no sales en todo el fin de semana" porque entonces, en lugar de que el hijo sienta que es una consecuencia por transgredir el límite, sentirá que es una venganza por hacerlos enojar y, en consecuencia, se perderá el objetivo educativo.

Es importante darnos cuenta que los niños son siempre el reflejo de nuestras actitudes. Si un niño siente que su mamá está decepcionada de él, entonces se comportará de tal forma que confirmará a ésta en ese hecho. Si un niño siente que es una carga para sus padres, entonces se comportará de tal manera que aquéllos sientan ese peso. Si un niño siente que no lo aman, entonces se comportará de cierta forma para que sea rechazado. Asimismo, si un niño siente que sus padres están orgullosos de él, entonces se comportará de tal forma que sus padres se enorgullecerán de él, y si un niño siente que es amado, entonces se comportará de forma que lo seguirán amando.

Es cuesta arriba comprometernos a cambiar de actitud hacia nuestros hijos ya que en ésta siempre están implícitas las emociones negativas que hemos arrastrando durante nuestra vida. Lo único que te puedo decir es que, cuando miras hacia delante y logras vislumbrar el beneficio que les otorgarás a tus hijos con dicho cambio, la decisión es más fácil de tomar.

Caso 3. Paulina tiene 11 años de edad. Ella y su mamá viven solas ya que ésta es divorciada; tiene un hermano de 16 años que vive con el papá que se encarga de todos sus gastos, por lo que contribuye poco con la manutención de la niña, y la mamá está siempre muy enojada y constantemente insta a su hija a que le pida más cosas al papá, diciéndole que si se preocupa por su hermano entonces debería hacerlo también por ella. Paulina es una niña tranquila, obediente, de buenas calificaciones pero recientemente su tía se dio cuenta que maltrata a su primo de dos años, destruye, sin que nadie la vea, cosas ajenas y se expresa de sus profesoras y compañeras con mucho resentimiento. No ve mucho a su papá, un fin de semana cada quince días. Cuando va a ver al papá la mamá tiene una plática con ella. Hoy es uno de esos días.

Madre "buena"

—¿Te dijo tu papá a dónde iban a ir este fin de semana?

—No, pero creo que nos vamos a quedar en su casa o con la abuela. Es lo que siempre hacemos. Bueno, a veces salimos a comer a algún restaurante o al cine.

—¿Por qué no le dices que te lleve a un centro comercial y que te compre ropa?, en especial los tenis que tanto quieres.

—¿No que tú me los ibas a comprar?

—Sí, pero yo te compro todo lo que tienes, en cambio tu padre nunca coopera con nada.

—La última vez que salimos me compró dos pantalones.

—Sí, Paulina, pero dos pares de pantalones no es nada comparado con todo lo que yo pago. A tu papá es a quien le toca mantenerte, finalmente es tu padre, sin embargo yo soy la que trabaja y te paga todas tus cosas, y la verdad no puedo pagarte todo lo que necesitas. Además de que no se me hace justo, mira cómo a tu hermano le acaba de comprar una nueva computadora que ni siquiera necesita.

—Está bien, le voy a decir, pero, ¿y si me dice que no?

—Pues insístele, dile que lo necesitas. Si puede comprarle cosas a tu hermano, ¿por qué a ti no? Tú también eres su hija, ¿no?

—Está bien mamá. A ver qué me dice.

—No sé por qué te cuesta trabajo pedirle cosas a tu papá. A ver, ¿por qué no te cuesta trabajo pedírmelas a mí? Yo tengo menos dinero que él y sin embargo, a mí si me pides que te esté comprando cosas. Ojalá tuvieras las mismas consideraciones conmigo que las que tienes con tu padre.

—No es eso, mamá.

—Entonces, ¿qué es?

—Es que luego me dice que a él le tocan los gastos de mi hermano y a ti los míos.

—Si te dice eso porque le conviene, porque no quiere aceptar que los dos tienen los mismos derechos y que si le compra algo a tu hermano, también te lo debe comprar a ti. Dile que si quiere tú también te puedes ir a vivir con él. No es que yo quiera que te vayas a vivir con él pero tal vez así sienta la presión y se dé cuenta que necesita darles lo mismo a sus dos hijos. No estaría mal que le dijeras eso.

—Ya se lo dije pero dice que no puedo vivir con él porque no se puede hacer cargo de mí. Que mi hermano sí puede porque él ya se va solo a la escuela y a todos los lugares que tiene que ir.

—¿Cuándo le dijiste a tu papá que querías vivir con él? ¿Por qué le dijiste que querías vivir con él? ¿Acaso ya no quieres vivir conmigo? ¿Quieres vivir con tu papá porque él te puede dar más cosas que yo?

—No mamá. Yo sí quiero vivir contigo. También me gustaría vivir con mi papá pero prefiero vivir contigo, y ya no te enojes.

—Pues sí me enoja. Y ahora con más razón me haces el favor de pedirle a tu papá que te compre la ropa. ¿Me entendiste?

—Sí, mamá.

MADRE "MALA"

—¿Te dijo tu papá a dónde iban a ir este fin de semana?

—No, pero creo que nos vamos a quedar en su casa o con la abuela. Es lo que siempre hacemos. Bueno, a veces salimos a comer a algún restaurante o al cine.

—Me da mucho gusto que salgas con tu papá y que aproveches el tiempo para estar con él.

—¿Ahora no me vas a decir que le pida a mi papá que me lleve a un centro comercial?

—No mi vida, ya me di cuenta que hice mal en estarte diciendo que le pidas a tu papá que te compre cosas.

—Pero tú siempre dices que él me debe comprar lo mismo que a mi hermano.

—Bueno, cuando los hermanos viven juntos es normal que los papás quieran darles las mismas cosas, para que no haya diferencia entre uno y otro. Sin embargo, yo hice mal en querer que así fuera porque no consideré que tu hermano y tú no viven juntos. Tú vives conmigo y yo te doy lo que te puedo dar y tu hermano vive con tu papá y él le da lo que le puede dar; y eso no significa que tu papá te quiera menos o que yo quiera menos a tu hermano, simplemente les damos lo que les podemos dar. Perdóname por haberte insistido tanto en que le pidieras a tu papá que te comprara cosas. Creo que mi enojo contra él me hizo decirte y pedirte cosas que no debí. Estoy segura que tu papá te quiere mucho y que cada vez que le toca pasar el fin de semana contigo, en verdad lo disfruta y que espera que tú lo disfrutes igual, en lugar de que le estés pidiendo que te compre cosas.

—Creo que tienes razón, mamá. Además, a veces se enoja porque le pido que me compre cosas y me dice que por qué no te las pido a ti. Tal vez ahora ya no se enoje conmigo y me quiera más.

—Estoy segura que él te quiere mucho y si se enojaba, no se enojaba contigo sino conmigo. Como a mí me sucedió, creo que su enojo conmigo lo hizo hacer o decir cosas que tal vez no debía. Ahora me doy cuenta cómo te has de haber sentido y no sabes cuánto lo lamento. Pero de ahora en adelante ya no te vuelvo a hablar mal de tu papá ni te vuelvo a pedir que le pidas cosas; finalmente las cosas materiales no son tan importantes como el amor y la felicidad. ¿No crees?

—Sí mamá, gracias.

—Ahora ve y disfruta mucho estos dos días con tu papá y dile cuánto lo quieres.

Antes de hablar acerca de las consecuencias educativas que las madres "buenas" y "malas" siembran en sus hijos, quisiera dejar en claro el siguiente mensaje para que a partir de éste, analicemos las consecuencias. No existe amor más grande en el mundo que el que un niño les tiene a sus padres. Mucho se habla del amor incondicional de los padres hacia los hijos, sin embargo, el único amor incondicional que existe, es el de un niño por sus padres ya que éste siempre los amará aunque sea golpeado, abusado, abandonado, etcétera; por ello, no hay dolor más grande ni marca más profunda que el sentimiento de un niño cuando no se siente amado por alguno de sus padres.

CONSECUENCIA EDUCATIVA DE LAS MADRES "BUENAS"

Esta mamá, como muchas madres divorciadas, utiliza a sus hijos para vengarse de su ex pareja haciéndole pasar un mal momento u obtener el mayor beneficio económico posible. Las consecuencias de utilizar a los hijos para tales fines, generalmente son las siguientes:

• Los padres dejan de ver a sus hijos: en mis últimos años han acudido conmigo varios padres divorciados y dicen que ellos casi nunca ven a sus hijos. Cuando les pregunto la razón y que si no los extrañan, la respuesta ha sido casi siempre la misma: "Mira Paty, en un principio la mamá de mis hijos no me permitía verlos y cuando los veía tenía que aguantar todos sus desplantes o recriminaciones, o me pedía más dinero o que le diera algo a cambio, o ponía a mis hijos en mi contra haciéndose la víctima para sacarme más dinero. En un principio sufrí mucho porque yo quería ver a mis hijos pero después de un tiempo ya no estuve dispuesto a soportar esa situación y decidí alejarme. Sí, me duele no ver a mis hijos, pero ahora vivo más tranquilo".

Es importante comprender que, en general, las emociones del hombre funcionan de forma diferente a las de la mujer. Mientras que la mujer puede vivir años con resentimiento hacia su pareja, el hombre pasa un tiempo de duelo y después busca la manera más práctica y cómoda de seguir con su vida. Por tal motivo, si después de ese tiempo de duelo, ver a sus hijos representa para él una gran carga emocional o económica, será justo pensar que terminará por alejarse.

Que los padres se alejen, suele ser muy doloroso para los hijos porque generalmente los niños se culpan de esa situación, piensan que no son amados por su padre y, peor aún, que no pudieron retener el amor de su padre. Este sentimiento de incapacidad para retener el cariño paterno, además de afectar gravemente su autoestima, marca para siempre su existencia ya que se convierte en un sentimiento de incapacidad para retener cualquier afecto futuro en su vida y, por lo tanto, mantendrán relaciones humanas en las que su papel será el del que suplica para obtener el amor.

• Los niños aprenden que amor es sinónimo de obtención de cosas materiales: cuando las madres mandan a sus hijos a que les pidan cosas materiales o dinero a su papá, o cuando ellas mismas lo pelean delante de los hijos, no están haciendo otra cosa sino dejar en sus hijos el sentimiento de que ellos son algo que tiene un valor material y por lo tanto se puede comprar o intercambiar, y que su valor personal estriba en su capacidad para obtener cosas materiales. Cuando una madre se queja frente a sus hijos de que el papá no desea contribuir en su manutención, crea en el hijo un sentimiento de que su valor personal está dado en dinero y que para su padre él no vale lo suficiente. Sin olvidar que el niño amará a su padre en forma incondicional, lo único que la madre logrará en su hijo es causarle dolor y un sentimiento de desvalorización.

Cuando las madres envían a su hijo a pedir dinero o cosas materiales a su padre, el niño sentirá que para su madre él tiene valor de cambio y será amado por ella en la misma proporción que las cosas materiales que él pueda obtener de su padre. Como quiera que sea, el niño estará condenado a sentir que su valor personal estriba en su capacidad de "obtener" en lugar de su capacidad de "ser".

• La madre inculca en la hija la envidia y los celos hacia su hermano: no existe en el mundo regalo más grande que una madre puede darle a un hijo que un hermano. Cuando enseñamos a los hijos a apreciar y a amar a sus hermanos, éstos suelen ser los lazos más profundos y duraderos que una persona puede tener. Un hermano es alguien en quien se puede confiar, nos ayuda cuando lo necesitamos, nos acepta como somos y nos acompaña en casi toda nuestra vida, más que los propios padres, ya que éstos, generalmente, mueren mucho antes que los hijos. Es más fácil encontrar comprensión de un hermano que de un padre ya que no existen expectativas no cumplidas ni brechas generacionales.

Cuando los hermanos se distancian, generalmente se debe a que los padres no supieron inculcar en sus hijos el amor fraterno, por ello es importante nunca hacer comparaciones ni críticas o distinciones entre hermanos, de lo contrario, los estaremos privando de ese regalo único y tan preciado con el que pueden contar: el amor fraterno.

• La madre asume el papel de víctima frente a su hija: muchas madres y padres suelen jugar el papel de víctimas ante sus hijos con el fin de manipularlos y lograr que hagan lo que ellos quieren, sin importar si está bien o no. Cuando un padre quiere educar a su hijo con determinados valores y convicciones, éstos se convierten en razón y argumento suficiente para buscar que los hijos tengan ciertos comportamientos o actitudes. Sin embargo, cuando los padres quieren que sus hijos hagan algo o se comporten de determinada forma pero sus razones no son válidas ya que obedecen a un capricho o incluso a una acción o emoción negativa, y los hijos se niegan a hacerlo, es cuando los padres suelen interpretar el papel de víctima para lograr su fin. Efectivamente, cuando los padres asumen ese lamentable papel, logran manipular a sus hijos puesto que desarrollan en éstos un sentimiento de culpa, una voz interna acusadora que, con el tiempo, los lleva a automenospreciarse y a la autodestrucción: mutilan su desarrollo emocional.

La culpa suele ser uno de los sentimientos que generan más automenosprecio y autodestrucción; es la emoción que va en contra de toda libertad, de ser, de expresar, de sentir y de pensar. Aconsejo a todos los padres a que se hagan conscientes de las consecuencias de fomentar este sentimiento en nuestros hijos.

• La madre habla mal del padre frente a su hija: ¡cuándo van a entender las madres que los hijos aman a sus dos progenitores de forma incondicional! Cada vez que una madre habla mal a sus hijos de su padre, o viceversa, sólo genera dolor en ellos. ¿Recuerdas que cuando eras niña y una persona, un compañero de la escuela o alguien más, hablaba mal de tus padres o de algún ser que tú estimabas mucho, te enojabas? Te dolía. Ese mismo dolor sienten tus hijos cada vez que les hablas mal de su padre, aunque sea verdad todo lo que les digas. Es increíble cómo se defienden la mayoría de las madres cuando les digo esto: "Pero es la verdad". No importa si es verdad o no, lo que importa es permitirles a tus hijos tener una imagen paterna positiva y no causarles dolor. ¿O qué acaso tu insensibilidad es tan grande que no te permite ver el dolor que les causas? Aun cuando logres que tu hijo se solidarice contigo y se enoje con el papá, en el fondo, será el dolor la emoción que prevalezca. Por otro lado, sabiendo que no hay nada más positivo para incrementar la autoestima que el sentimiento de sentirse amado, ¿no te gustaría que tus hijos se sintieran inmensamente felices porque son amados por su mamá y su papá?

Consecuencia educativa de las madres "malas"

Esta madre que durante muchos años estuvo tan enojada porque a partir de su divorcio tuvo que vivir en una situación económicamente menos privilegiada que la de su ex marido, y que gastaba la mayor parte de su energía en tratar de ver cómo le sacaba más dinero, un buen día, después de empezar una terapia de autovaloración, tomó conciencia del mal que se estaba haciendo a ella misma y a su hija, a quien utilizaba como intermediaria para canalizar su enojo. Habló con su hermana y ésta le hizo ver todas las emociones negativas que estaba inculcando en su hija y cómo esto le estaba afectando. Amaba a su hija y ya no deseaba seguir perjudicándola. No le fue fácil dejar su enojo a un lado y el sentimiento de dar su brazo a torcer, sin embargo, después de recapacitar y tomar la decisión de cambiar, sostuvo un diálogo con su hija, con las siguientes consecuencias educativas:

• Libera a la hija de pedirle cosas a su padre y le permite relacionarse con él como desee: finalmente deja de manipular a su hija y la relación entre ésta y su padre. Al liberarla, le concede la libertad para apreciar el amor de su padre e incluso el de ella misma.
• Libera a su hija de los sentimientos de celos y envidia hacia su hermano, hablándole con la verdad. Al buscar liberar a su hija de estas emociones, le permite, si no es demasiado tarde, acceder al regalo del amor fraternal.
• Permite a su hija que conozca la justa importancia de las cosas materiales, y desliga la obtención de éstas de la del amor.
• Pide disculpas a su hija por su mala actuación pasada, permitiéndole que ella valore la lucha de su madre por ser una mejor persona y mejor madre.
• Le hace ver a su hija que no es responsable del enojo de su padre o el de ella misma, sino que el enojo entre ellos hizo que pusieran a su hija en medio.

En mi primer libro (que ya he citado varias veces) menciono que para educar a nuestros hijos para que desarrollen su inteligencia emocional, es importante que empecemos por nosotros mismos. He escuchado a muchos padres preguntarse: ¿qué fue lo que hicieron mal para que su hijo haya hecho lo que hizo? ¿Para que su hija haya desgraciado su vida de esa forma?

La respuesta es sencilla. Permitimos que nuestros hijos carguen con responsabilidades que no les toca asumir, culpas que no deberían vivir, emociones negativas que no deberían sentir, que tomen decisiones que no les corresponden, privándolos de la libertad de ser niños y de vivir y sentir como niños.

Límites de 12 a 15 años de edad, quinta etapa de vida

El objetivo de esta quinta etapa de vida, la de la adolescencia, es lograr que los hijos tomen consciencia de sus propias emociones y de la forma de reaccionar ante cada una de ellas, que descubran sus reacciones negativas cuando son dañinas para ellos mismos o para alguien más, y tratar de cambiarlas por todos los medios posibles.

La adolescencia es, por sí misma, una etapa muy difícil sobre todo porque en la estructura mental se manifiestan grandes cambios. En cuanto a la inteligencia emocional, los adolescentes viven con las emociones "a flor de piel" y en cuanto a la inteligencia racional, comienzan a concebir las ideas de una forma más compleja. Para que se entienda esto, lo explicaré: cuando el niño es niño, para él, en su mundo, sólo existe su propia forma de ver las cosas; pero cuando entra a la adolescencia descubre que "las cosas son de acuerdo al cristal con que se miran". Sin embargo, a pesar de que a esta edad ya puede hacerse consciente de este hecho, se vuelve más vulnerable ya que es más fácil convencerlo o que se convenza del "color de las cosas", de acuerdo con las emociones que prevalezcan en él, de su autoconfianza y su autoestima.

En la cuarta etapa de vida expliqué cómo y por qué los niños que habían crecido con pocos o sin límite alguno, perdían la posibilidad de desarrollar confianza convirtiéndose en seres intranquilos, nerviosos, hiperactivos, estresados o agresivos. Si tomamos en cuenta que los niños que crecen sin límites llegan a esta quinta etapa con esas emociones y tomando en cuenta su vulnerabilidad, entonces no es difícil comprender por qué se sienten como una olla exprés a punto de explotar y por qué buscan por todos los medios acallar esa sensación, dejándolos a merced de todos los peligros que los rodean, entre ellos el alcohol, las drogas y la promiscuidad. Se convierten en adolescentes con una gran carga de ira e intranquilidad.

No obstante estas características interiores que definen a los niños que han crecido sin límites en esta etapa, en apariencia, y como un escudo para lograr su subsistencia, los adolescentes en esta misma situación aparentan tener autoestima muy alta, se consideran aptos y capaces para enfrentar cualquier obstáculo con la seguridad de que lo podrán superar. Sin embargo y por desgracia, la seguridad en sí mismos tiene un origen totalmente artificial porque el logro de su autoestima ha dependido de la intromisión directa de los padres y no de su propio trabajo, esfuerzo y aprendizaje ante el fracaso; es decir, no se fundamenta en el conocimiento de sí mismos sino en el apoyo paterno. Los adolescentes de esta edad tienen tanto miedo a fracasar, que desarrollan mecanismos de apatía, pereza, indiferencia, inseguridad y total desinterés en cualquier actividad que requiera de cierto esfuerzo o presente un mínimo riesgo de derrota. Trabajan con el menor esfuerzo porque en ello encontrarán su mejor excusa ante el fracaso y la mayor defensa hacia su autoestima. Los niños que frecuentemente actúan con poco esfuerzo al afrontar sus responsabilidades y retos, a mediano plazo, experimentarán estados de depresión y de violencia. Asimismo, con su escasa capacidad de sufrimiento, sufren por el sinsentido de su vida, precipitándose a la resignación que equivale a la destrucción de su propia persona.

Como mencioné en la etapa anterior, el verdadero amor de los hijos por los padres surge del respeto que sienten por ellos, respeto que los padres deben ganar por medio de su firmeza y de sostener a sus hijos en lo que creen que es correcto. Cuando los padres no se han ganado ese respeto por la falta de firmeza y de aplicación de límites, los hijos, en medio de toda su confusión e incapacidad de manejar sus emociones, culpan a los padres por su sufrimiento, haciendo evidente ante ellos todo su enojo y que no les tienen ningún respeto. Como consecuencia de ello, la relación entre padres e hijos se convierte en un campo de batalla, donde los hijos maldicen a sus padres, los agraden física o verbalmente y rompen cualquier tipo de comunicación que pudiera existir.

A diferencia de los niños hasta de 12 años de edad, a un adolescente furioso ya no se le puede controlar y hacerlo por la fuerza sólo provoca más enojo y más agresiones en la relación padres-hijos. ¿Qué pueden hacer los padres que ya han llegado a este extremo? Platicando con algunos, en su incapacidad por cambiar la situación, siguen disculpando la conducta de sus hijos argumentando que no siempre las cosas son así. En otros casos, se dan por vencidos, argumentando que hicieron lo que pudieron, que ya no pueden controlar la situación, que no saben qué hacer y que sólo esperan que el tiempo pase lo más pronto posible para dejar de vivir ese infierno y llegue el día en que su hijo se vaya de su casa y se valga por sí mismo.

La primera frase reconfortante que debo decir es que sí se puede cambiar esa situación, sólo se necesitan dos cosas: saber cómo y que estés dispuesto a hacerlo. Para ello lo primero que debes saber es que se aprende más con los fracasos que con los éxitos y que el crecimiento de la personalidad paulatinamente se logra al tomar decisiones personales y enfrentar sus consecuencias, ya sean positivas o negativas; por lo tanto, el primer paso es permitir que tu hijo tome sus propias decisiones pero que siempre sepa que toda decisión tiene consecuencias, las cuales pueden ser positivas o negativas. El segundo es permitir que tu hijo afronte las consecuencias de su decisión.

El objetivo de esta etapa, como padres, es dejar que nuestros hijos experimenten situaciones difíciles, de acuerdo con su edad, con el fin de que desarrollen habilidades para superar problemas o soportar la frustración de no lograr algo que deseaban y que sigan luchando hasta lograr su objetivo.

Para ejemplificar las formas de manejar límites en esta etapa de vida de tus hijos, permitiéndoles tomar decisiones y enfrentar las consecuencias, veamos qué es lo que hacen los padres "buenos" pero con consecuencias negativas y los padres "malos" pero con consecuencias positivas con relación a la educación de sus hijos.

Caso 1. Luis es un adolescente de 13 años de edad. Hace algún tiempo asistía por las tardes a clases de natación y de música, sin embargo, desde hace dos años le pidió a su mamá ya no acudir y ella accedió. Ese mismo año sus padres le regalaron de Navidad un XBox. Actualmente, la mamá de Luis está muy preocupada porque su hijo se pasa toda la tarde jugando con el XBox o viendo televisión o en la computadora. Sus calificaciones son muy bajas y cada vez que la mamá intenta que deje de jugar y se dedique más a estudiar o ante cualquier petición, éste le responde de forma agresiva. Su papá también ha hablado con él pero no han encontrado respuesta alguna. Hoy es uno de esos días.

PADRE "BUENO"

—Luis, me dice tu mamá que el mes pasado reprobaste tres materias y te sacaste seis en otras tres. ¿Qué está pasando contigo? ¿Qué no estudiaste lo suficiente?

—Claro que estudié, papá, lo que pasa es que los profesores nos dan una guía de estudio y luego nos hacen preguntas que no vienen en la guía.

—¿Pero cómo es eso? ¿Qué no viste esos temas en clase?

—En la clase sí, pero no venían en la guía.

—Yo ya le he dicho varias veces que no sólo debe estudiar lo de la guía —aclara la mamá—, que debe estudiar todo lo que haya visto pero no me quiere hacer caso, se la pasa jugando todo el día en el XBox o viendo televisión.

—Eso no es cierto, mamá, sí estudio y hago mi tarea.

—¿Entonces por qué tienes tan malas calificaciones? —pregunta el papá.

—Ya te expliqué por qué.

—Entonces tu mamá tiene razón en decirte que para los exámenes debes estudiar todo lo que hayas visto en clase y no sólo lo de la guía.

—Si así fuera, ¿entonces para qué nos dan la guía?

—No lo sé —acepta el papá—, pero te aseguro que tus compañeros no han reprobado el número de materias que tú tienes reprobadas, ni tienen las mismas calificaciones que tú. ¿Cómo crees que le hacen ellos para no reprobar si les dan la misma guía de estudio que a ti?

—No lo sé.

—Yo ya le he dicho varias veces —interviene la mamá— que la guía de estudio es eso, una guía para que sepa qué temas estudiar pero que no necesariamente significa que sólo le van a hacer preguntas de lo que venga ahí.

—Yo creo que tu mamá tiene razón, por algo se le llama guía de estudio y no formulario.

—Lo que realmente está pasando —afirma la mamá— es que se la pasa jugando toda la tarde con los videojuegos y por eso no estudia.

—Luis —dice el papá—, ya llevamos dos años con este problema de que repruebas varias materias cada mes, el año pasado estuviste condicionado para que te dieran el ingreso a la escuela este año. ¿Quieres que te nieguen la entrada a la escuela para el próximo año?

—No.

—Entonces, ¿qué vamos a hacer?

—Ya voy a estudiar más papá.

—Bueno, eso espero porque si sigues así voy a tener que quitarte el XBox. ¿Eso quieres?

—No, papá.

—Desde hace seis meses le has dicho que si no mejora sus calificaciones le vas a quitar el XBox —interviene la mamá—, sin embargo, sigue jugando con él todas las tardes.

—Tu mamá tiene razón.

—Pero papá, ya voy a estudiar más, te lo prometo, pero no me quites el XBox, porfa, ¿sí?

—Bueno, no te lo voy a quitar pero no puedes jugar con él más de dos horas al día. ¿Estamos de acuerdo? ¿Verdad que sí campeón? ¿Verdad que le vas a echar más ganas al estudio?

—Sí, papá.

Padre "malo"

—Luis, me dice tu mamá que el mes pasado reprobaste tres materias y te sacaste seis en otras tres. ¿Qué está pasando contigo? ¿Qué no estudiaste lo suficiente?

—Claro que estudié, papá, lo que pasa es que los profesores nos dan una guía de estudio y luego nos hacen preguntas que no vienen en la guía.

—¿Pero cómo es eso? ¿Qué no viste esos temas en clase?

—En la clase sí, pero no venían en la guía.

—Yo ya le he dicho varias veces que no sólo debe de estudiar lo de la guía —aclara la mamá—, que debe estudiar todo lo que haya visto pero no me quiere hacer caso, se la pasa jugando todo el día en el XBox o viendo televisión.

—Eso no es cierto, mamá, sí estudio y hago mi tarea.

—¿Entonces por qué tienes tan malas calificaciones? —pregunta el papá.

—Ya te expliqué por qué.

—Entonces tu mamá tiene razón en decirte que para los exámenes debes estudiar todo lo que hayas visto en clase y no sólo lo de la guía.

—Si así fuera, ¿entonces para qué nos dan la guía?

—No lo sé —acepta el papá—, pero te aseguro que tus compañeros no han reprobado el número de materias que tú tienes reprobadas ni tienen las mismas calificaciones que tú. ¿Cómo crees que le hacen ellos para no reprobar si les dan la misma guía de estudio que a ti?

—No lo sé.

—Yo ya le he dicho varias veces —interviene la mamá— que la guía de estudio es eso, una guía para que sepa qué temas estudiar pero que no necesariamente eso significa que sólo le van a hacer preguntas de lo que venga ahí.

—Yo creo que tu mamá tiene razón, por algo se le llama guía de estudio y no formulario.

—Lo que realmente está pasando —afirma la mamá— es que se la pasa jugando toda la tarde con los videojuegos y por eso no estudia.

—Luis —dice el papá—, ya llevamos dos años con este problema de que repruebas varias materias cada mes y ya van varias veces que tu mamá te pide que te pongas a estudiar en lugar de estar viendo televisión o con los videojuegos y no le has hecho caso. Ya me habían dicho que los videojuegos son adictivos y nocivos para el desarrollo de los niños, pero no quise hacer caso. Ahora me doy cuenta de cuánto daño te han hecho, por eso a partir de hoy vamos a seguir las siguientes reglas, que por cierto me tomé la libertad de escribírtelas para que no haya confusión ni dudas:

1. Queda prohibido jugar con los videojuegos; en este momento le das el aparato a tu mamá para que lo guarde; si en un futuro quieres jugar, tendrás que ganarte ese derecho.

2. Queda prohibido ver televisión, podrás ver únicamente una hora diaria y te pondrás de acuerdo con tu mamá para seleccionar esa hora.

3. La computadora sólo la podrás utilizar para hacer tus tareas; si quieres chatear o enviar mensajes con tus amigos, sólo dispondrás de tres horas a la semana.

4. Vas a estudiar todos los días dos horas diarias sin importar que te hayan dejado tarea o no. Para que no cargues todos los días todos tus libros, vas a traer cada día de la semana tus apuntes de alguna materia y vas a estudiar todo lo que hayas visto en la semana anterior. Diariamente, cuando yo llegue del trabajo, te voy a preguntar de esa materia. Si veo que lo estudiaste bien te voy a recompensar permitiéndote jugar media hora con los videojuegos.

5. Cuando sea tiempo de exámenes, queda cancelada la televisión y la computadora. Si tus calificaciones son de siete para arriba, entonces podrás utilizar durante el próximo mes cinco horas por semana los videojuegos, si no, se te cancela también la televisión.

6. Como te va a sobrar tiempo, busca alguna actividad que te agrade: natación, futbol, karate o lo que sea, pero a partir del próximo mes quiero que te inscribas a alguna actividad y que acudas por lo menos tres veces por semana; tu mamá te va a llevar esos días.

7. Si por alguna razón desobedeces alguna de las reglas aquí marcadas, no podrás salir con tus amigos el fin de semana.

—Pero papá —suplica Luis llorando—, no me quites los videojuegos, porfa, te prometo que ya voy a estudiar.

—Lo lamento Luis, pero ésas son las nuevas reglas.

Estoy seguro de que una vez que empieces a cumplirlas, vas a estudiar más.

—Pero papá —insiste Luis sin dejar de llorar—, ya te prometí que sí voy a estudiar más; si me quitas la tele y el XBox qué voy a hacer, me voy a aburrir mucho. Por favor papá, te prometo que voy a sacar mejores calificaciones. No me hagas esto papá.

—Mira hijo, lo que te estoy haciendo es un bien, con el tiempo lo vas a entender. Ahora, lamento que llores pero no voy a cambiar de opinión, las reglas se quedan.

—¡Nooo!

—Lo lamento pero se quedan tal y como están.

Consecuencia educativa de los padres "buenos"

A este papá le sucede lo mismo que a muchos otros padres, desean más ser el mejor amigo de sus hijos que un verdadero padre. Cuando los niños son niños y adolescentes, la figura del padre tiene una trascendencia muy importante en su desarrollo emocional. Sin embargo, cuando un padre deja de fungir su rol de padre por querer ocupar el del amigo, está permitiendo que sus hijos carezcan de esa figura tan importante e imprescindible para ellos: la del padre.

Un amigo es alguien que está en el mismo nivel emocional que tú, que te escucha, te acepta como eres, sin ninguna expectativa y respeta tus valores, emociones y convicciones. Un padre es alguien que se encuentra en un nivel emocional diferente al de su hijo, lo escucha, le inculca valores, emociones y convicciones; lo guía para que se haga fuerte, siempre tiene expectativas por él y busca que mejore como persona. Como verás, es muy distinto el rol de un padre al de un amigo, además, amigos hay muchos, en cambio padre sólo existe uno.

La mayoría de los hombres que tienen esta concepción, la de querer ser el mejor amigo de sus hijos, se debe a que ellos tuvieron un padre poco comprensivo o demasiado autoritario, por lo cual su figura paterna está sumamente deteriorada. Lo importante aquí es comprender que se puede ser padre y al mismo tiempo ser comprensivo, empático y amoroso, pero siempre bajo el rol de padre. El gran problema que tienen los padres que desean ser amigos de sus hijos, es su incapacidad de establecerles límites. A continuación analizaremos las consecuencias educativas de este padre:

• Empieza la plática de forma tranquila y comprensiva con su hijo, preguntándole lo que estaba pasando, escuchando cada una de sus respuestas. Esto es algo positivo porque permite que se cree un diálogo entre padre e hijo sin carga emocional negativa.

• No se deja enganchar con la respuesta de su hijo con relación al cuestionario y le responde: "No lo sé, pero te aseguro que tus compañeros no han reprobado el número de materias que tú tienes reprobadas, ni tienen las mismas calificaciones que tú". Esto también es algo positivo. Si fuera un padre sobreprotector, inmediatamente hubiera dicho que la escuela tiene la culpa al realizarle un examen que no concuerda con la guía de estudio y tal vez hasta hubiera propuesto irse a quejar a la escuela. Los padres que tienen el síndrome de querer ser el mejor amigo de sus hijos, generalmente y por fortuna no suelen ser tan sobreprotectores.

• Apoya a su esposa en lo que ella dice. Esto también es algo positivo ya que es importante que los hijos vean que los padres actúan de común acuerdo.

• Transfiere la responsabilidad de marcarle un límite a su hijo a la escuela, al decirle que ya estuvo condicionado para entrar y preguntándole si desea que ahora le nieguen la entrada. Aquí es donde empieza el primer problema. Ya mencioné anteriormente la incapacidad de estos padres para establecer límites, por lo tanto no es de extrañar que la primera reacción del padre sea transferir esta responsabilidad a una tercera persona o instancia, en este caso, a la escuela de su hijo.

• Transfiere la decisión de tomar una acción al hijo al preguntarle: "Entonces, ¿qué vamos a hacer?" Y "...porque si sigues así voy a tener que quitarte el XBox". Obviamente, su hijo le va a responder siempre lo que él quiera escuchar, después de todo, ¿no es eso lo que hacen los amigos? En este tipo de relaciones, en las que los hijos por cierto sienten gran aprecio por sus padres, dirán y harán lo que sea por mantener feliz al papá de la misma forma que uno dice o hace lo que sea por hacer feliz a un amigo, pero eso no significa que el hijo esté adquiriendo el valor del esfuerzo o del estudio, o simplemente que se esté haciendo responsable de sus actos.

• A pesar que desde hace seis meses le ha dicho al hijo que va a quitarle el XBox si no mejora sus calificaciones, nuevamente prefiere incumplir su palabra antes que establecer un límite. Esto es algo que el hijo tiene muy claro: su padre nunca va a cumplir con sus amenazas ni le va a establecer un límite, por lo tanto puede seguir, como lo ha hecho desde hace dos años, con su misma rutina de siempre, mandando a volar cualquier iniciativa de estudio. Sabe que siempre será suficiente con que le diga a su padre aquello que él desea escuchar.

• El padre se esfuerza, al final de la plática, por reiterarle a su hijo que sigue siendo el amigo de siempre: "¿Verdad que sí campeón?" Esto es, si por algún momento, en esa plática, se vertió alguna sospecha de que era el padre el que hablaba y no el amigo, se hizo necesario disipar dicha sospecha, y que quedara claro que el padre no puede ser el padre.

Como consecuencia de los puntos anteriores, tenemos a un hijo que, conociendo bien a su padre, sabe que puede mantener el control y cómo hacerlo: con endulzarle el oído lo tiene contento y controlado, ¿por qué esforzarse en estudiar? Creo que no es difícil saber si después de esta conversación Luis va a mejorar su calidad de estudiante.

He conocido muchos niños así, suelen ser amables y agradables, siempre y cuando se les permita mantener el control. Si por alguna razón sienten que el control se les escapa de las manos o que pudieran ocasionar el enojo de sus padres, entonces acuden a decirles todo lo que éstos ansían escuchar con el fin de tenerlos nuevamente tranquilos. Es increíble la cantidad de padres que se dejan manipular por sus hijos por medio de las palabras, argumentando después: "Ya hablé con él y la verdad es muy buen hijo y muy buen niño, me dijo..." Cuando se trata de educar a los hijos, les aconsejo poner más atención en los hechos y las acciones que en los dichos de sus hijos.

Consecuencia educativa de los padres "malos"

Este padre que durante mucho tiempo sólo deseaba ser el mejor amigo de su hijo, un buen día, después de haber leído un libro sobre el tema de la paternidad responsable, tomó conciencia del mal que le estaba haciendo a su hijo, que jugar el rol de ser padre en realidad no era algo negativo y que podía ser comprensivo y amoroso siendo firme y marcando límites a la vez. Con esto en mente, decidió actuar con las siguientes consecuencias:

• Mantiene su misma forma empezando la plática de forma tranquila y comprensiva con su hijo, preguntándole lo que estaba pasando y escuchando cada uno de sus argumentos; no se deja enganchar con la respuesta de su hijo con relación al cuestionarlo y le responde: "No lo sé, pero te aseguro que tus compañeros no han reprobado el número de materias que tú tienes reprobadas, ni tienen las mismas calificaciones que tú". Y apoya a su esposa en lo que ella dice.

• En lugar de transferir la responsabilidad de marcar un límite a su hijo o simplemente evitar hacerlo, decide "tomar al toro por los cuernos", asume su rol de padre y muestra a su hijo las nuevas reglas de la casa de forma clara, precisa y por escrito.

• Aunque siente empatía y compasión por su hijo al verlo llorar, el padre, con su ya conocido tono cálido, demuestra su firmeza diciéndole que las reglas se quedan y que no hay "marcha atrás". Ésta es una acción sumamente positiva para su hijo, porque ahora el niño tendrá un guía en su vida al saber que cuenta con un padre.

La principal consecuencia de que este padre asuma su papel, será el regalo de haberle dado a su hijo el sentimiento de conocer a un padre y no a un amigo. Les recuerdo que el éxito de cualquier medida o límite que se desea implementar, estriba en el saber que "no hay marcha atrás", ni excepción alguna.

Caso 2. Ana es una adolescente de 14 años de edad. Va en tercero de secundaria y normalmente regresa sola de la escuela, puesto que vive a cinco cuadras de la escuela; la hora de salida es a las 2:30 de la tarde. Desde el inicio de este ciclo escolar Ana comenzó a llegar a su casa con retraso y sus papás se molestaban y la regañaban, diciéndole que no volvería a salir. Ella argumentaba que tenía que ir a estudiar a casa de una amiga, que no tenía forma de avisarles y, por cierto, volvía a salir. Sus papás entonces le compraron un teléfono celular, pero Ana seguía sin llegar a la casa a tiempo y sin avisar, argumentando que su teléfono no tenía crédito. Sus papás entonces le dieron más dinero para comprar las tarjetas del celular pero ella seguía llegando tarde y sin avisar, argumentando que se le había terminado el crédito. Ya era una costumbre en la casa que Ana regresara hasta las seis o siete de la tarde sin avisar y que los papás se enojaran y la regañaran. Hoy era un día de ésos.

MADRE "BUENA"

—Ana, eres tú.

—Sí, ya llegué.

—Y, ¿por qué no me hablaste para avisarme que ibas a llegar tarde? ¿Dónde andabas?

—Fui a casa de Laura a hacer una tarea.

—Sí, pero, ¿por qué no me hablaste?

—Se le acabó la batería al celular.

—¿Cuántas veces te he dicho que cargues tu celular en la noche? Ayer que porque no tenías crédito y te di dinero y ahora que porque se terminó la batería. Ya estoy cansada de que no me avises cuando vas a llegar tarde. Ya te dijo tu papá que me tienes que hablar y sigues sin hacerlo.

—Perdón ma, está bien, la próxima te aviso.

—Es que eso me dices todos los días y ya llevamos seis meses discutiendo lo mismo. Parece que tu papá y yo estamos pintados. Entras y sales de la casa a la hora que se te pega la gana y ni siquiera nos avisas.

—¡Ay!, pero no es para tanto, ya no te enojes.

—Cómo no me voy a enojar si llevo seis meses pidiéndote que me avises dónde estás y no lo haces. La próxima vez ya no vas a salir.

—Está bien. Ya, ¿no? Ya te dije que sí te voy a avisar la próxima vez. Por cierto, tuvimos que comer en la calle y fueron $100. ¿Me los puedes dar?

—Y, ¿por qué comen en la calle cuando hay comida aquí en tu casa? ¿Por qué no se vinieron para acá?

—Pues, para ahorrar tiempo.

—Pero si vivimos a cinco cuadras de tu escuela.

—Pues sí, pero cinco cuadras son cinco cuadras y teníamos mucha tarea o qué, ¿quieres que todavía llegue más tarde?

—No, pero tampoco puedo estarte dando $100 todos los días para tu comida.

—Bueno, ¿qué quieres entonces?, ¿que no coma?

—No, claro que quiero que comas, pero aquí en tu casa.

—¡Ay!, sabes qué, ya me voy. Estás de muy mal humor. ¿Me das el dinero o ya no como?

—Sí, toma el dinero, pero la próxima que no me avises a dónde vas, ya no te voy a dar dinero. ¿Entendiste?

—¡Sííí!

—No sé cuándo vas a aprender.

MADRE "MALA"

—Ana, eres tú.

—Sí, ya llegué.

—Y, ¿por qué no me hablaste para avisarme que ibas a llegar tarde? ¿Dónde andabas?

—Fui a casa de Laura a hacer una tarea.

—Sabes qué Ana, de ahora en adelante las reglas de la casa van a cambiar. ¿Sabes por qué? Porque ni tu papá ni yo estamos pintados, ésta es nuestra casa y si quieres vivir en ella vas a seguir las reglas de la casa que son las siguientes, y te las doy por escrito para que no tengas ninguna duda al respecto:

1. No puedes entrar y salir a la hora que tú quieras. Tu hora de salida de la escuela es a las 14:30 horas, por lo tanto tienes hasta las 3:00 de la tarde para llegar a la casa.

2. No puedes ir a casa de nadie ni para estudiar ni para hacer ninguna tarea, ni para ninguna otra cosa hasta que te hayas ganado ese permiso. Si tienes que hacer tarea con alguien, se vienen a la casa y aquí la hacen.

3. A partir de hoy ya no hay celular. Me lo das en este instante, si lo quieres, tendrás que ganártelo.

4. A partir de hoy no te vamos a dar dinero para gastar, si lo quieres, tendrás que ganártelo. Si quieres comer algo en la escuela, tendrás que prepararte un *lunch* para llevar, si no quieres, entonces te quedarás con hambre.

5. Si no cumples con los puntos 1 y 2 no saldrás con tus amigos ese fin de semana, sin importar lo que tengas que hacer o la actividad a la que tengas que faltar.

6. El cumplimiento de los puntos 1 y 2 en una semana, te harán merecedora de dinero para la próxima semana, pero a la primera que no cumplas, se te quitará el dinero de esa semana más lo de la próxima semana.

7. Si cumples con todos los puntos anteriores durante dos meses, te regresaré el celular, sin embargo, al primer incumplimiento, te lo vuelvo a quitar por dos meses más.

8. De la misma forma, si cumples con todos los puntos durante dos meses, te harás merecedora a empezar a salir con tus amigos después de la escuela ya sea para hacer la tarea o para distraerte, siempre y cuando me pidas permiso con anterioridad, me avises con quién vas a ir, a dónde vas a ir y a qué horas regresas. Si una vez que te empiece a dar permiso, vuelves a incumplir, se te volverá a quitar este privilegio por dos meses más.

—¿Te quedaron claras las nuevas reglas? ¿Tienes alguna duda?

—Pero mamá, estás exagerando, no es para tanto. Se le acabó la pila a mi celular y por eso no te avisé.

—No me interesan tus razones porque ya no pienso discutirlas contigo. De todas formas ya no vas a tener celular. Éstas son las nuevas reglas. Te aconsejo que las sigas porque estoy dispuesta a cumplir todas y cada una de ellas.

—Pues no estoy de acuerdo. No voy a permitir que me trates como a una niña chiquita.

—Te trato como lo que eres, mi hija y una adolescente. Soy tu madre y éstas son las condiciones para que vivas en mi casa, te gusten o no.

—Pero necesito dinero para la escuela, para comprar cosas que me piden en la escuela, para salir con mis amigos. Mamá, no me puedes hacer esto.

—Todo lo que te pidan de material para la escuela yo te lo voy a comprar y en cuanto al dinero para gastar el fin de semana con tus amigos, ya sabes cómo ganártelo, está escrito en el reglamento que te acabo de entregar.

—Pues no estoy de acuerdo y no pienso seguir el reglamento.

—Lamento que no estés de acuerdo; en cuanto a seguirlo o no, es tu decisión. Las consecuencias ya están claras y tú decides si las quieres sufrir o no.

CONSECUENCIA EDUCATIVA DE LAS MADRES "BUENAS"

A esta mamá le sucede lo mismo que a muchas otras madres, se engancha en relaciones con sus hijos en las que constantemente se la pasan discutiendo y peleando, pero sin poner ningún remedio. Entre más discutan, menos autoridad tendrán ante los hijos y cada día éstos les perderán más el respeto. Ya he mencionado las consecuencias emocionales que padecen los hijos cuando éstos les pierden el respeto a sus padres, por ello ya no ahondaré más en ello. Lo que quiero mostrar con este ejemplo es la forma como los padres se enganchan con los hijos, por tal motivo, analizaremos cada parte del diálogo que esta madre sostuvo con su hija:

• La madre le pregunta por qué no le habló para avisarle y la hija responde que se le acabó la batería al celular, la madre se engancha con esa respuesta y regaña a la hija por no cargar el celular. En primer lugar, es responsabilidad de la hija el avisar a su madre que llegará tarde y encontrar la forma de hacerlo, ya sea teléfono público, celular prestado, celular propio, etcétera. Si la hija no carga la batería del celular, ella deberá sufrir la consecuencia que es justamente buscar otro medio para avisarle a su madre. No es responsabilidad de la madre ni decirle a su hija que cargue el celular, ni regañarla por no hacerlo; al decirle, estará permitiendo que su hija evada la responsabilidad y la consecuencia del incumplimiento.
• La madre busca resolver y exonerar el incumplimiento de las responsabilidades de su hija al darle celular, dinero para tarjetas, etcétera. De esta forma, permite que la hija siempre tenga una excusa para no cumplir con sus responsabilidades y además la exime de las consecuencias. Nuevamente, se vislumbra el comportamiento sobreprotector de la madre que no permite que su hija se haga responsable de sus propias acciones.
• La madre sermonea a la hija. No hay nada peor para que los hijos dejen de escuchar a los padres y les pierdan el respeto, que sermonearlos. Cuando uno le habla a los hijos en tono enojado, éstos accionan un mecanismo de defensa que consiste en bloquearse, dejar de escuchar el contenido de las palabras, pensar en otra cosa para tratar de distraerse, "darles el avión" y desear con vehemencia que ya se callen. A los hijos, como a ninguna otra per-

sona, nunca se les debe sermonear ya que el resultado es siempre contraproducente. Si deseamos transmitir algún valor, se habla con ellos en forma tranquila y amorosa. Si deseamos implementar un límite, se le indica en forma clara, de preferencia por escrito, haciéndole saber cuál es la consecuencia del incumplimiento del mismo.

• La madre le dice que la próxima vez ya no va a salir y, como siempre, no lo cumple. Otro de los grandes errores que cometemos los padres es amenazar a los hijos. Una amenaza es lo que se dice que se va a hacer, con el fin de hacer cambiar de opinión a otra persona, pero que no se cumple. Cuando un padre le dice a su hijo "la próxima vez no sales" y lo cumple, esto pasa de ser una amenaza a un límite no cumplido donde hay una consecuencia por dicho incumplimiento. Al igual que los sermones, las amenazas son una de las principales causas para que los hijos dejen de escuchar a los padres y les pierdan el respeto. Pareciera que hay padres que hacen todo lo posible para ser odiados y no respetados por sus hijos.

• La madre le da dinero a la hija para su comida, a pesar de que se fue sin permiso. Al hacer esto, la madre le está mostrando a su hija que ella misma es la primera que no entiende de límites. Si los padres no entienden ni reconocen los límites, ¿Cómo esperar entonces que los hijos lo hagan? Es una forma de decirles a los hijos: "Haz lo que quieras, de todas formas aquí estoy para cubrirte las espaldas". Es una forma de seguir sobreprotegiéndolos y no permitirles que se enfrenten al fracaso, obligándolos con ello a vivir todas y cada una de las consecuencias que esto conlleva.

• La hija amenaza a su madre con no comer o llegar más tarde para que ésta le dé lo que le pide y la madre acepta reaccionando a sus amenazas. Este punto tiene dos grandes problemas, el primero es permitir que los hijos amenacen a sus padres, y el segundo, más grave aun, consentir ante las amenazas. Los hijos aprenden lo que viven, si la madre amenaza a su hija, es de esperarse que llegue el día en que la hija amenace a su madre. Lo curioso es que las amenazas de la madre no surten ningún efecto en la hija, sin embargo, las de la hija sí surten efecto en la madre. ¿Por qué sucede esto? Porque la hija ya le tomó la medida a la madre, sabe que tiene el control y también cómo ejercerlo.

• La madre, como última frase, se pregunta: "No sé cuándo va a aprender", y debería preguntarse: ¿Cuándo voy a aprender yo? El comportamiento de los hijos con los padres y con ellos mismos; los valores y las emociones que cotidianamente experimentan, son siempre el reflejo de lo que viven los padres y sus hijos.

Como consecuencia de todos los puntos anteriores, si esta madre continúa actuando bajo este mismo patrón, su hija se acostumbrará a vivir como le plazca, hasta que llegue el día que abandone la casa. Por otro lado, la falta de respeto que la hija manifiesta por sus padres, será cada día más evidente hasta que se convierta en odio o repudio, de tal forma que buscará siempre estar lo más alejada posible de aquéllos. Y sufrirá mucho durante su vida por no haber aprendido a enfrentar el fracaso, el valor del esfuerzo y la autoaceptación, entre otros.

CONSECUENCIA EDUCATIVA DE LAS MADRES "MALAS"

Esta madre que durante toda su vida no hizo otra cosa que sobreproteger a su hija y consentir todos sus caprichos aun en contra de su propia voluntad, un buen día, después de haber asistido a un curso de autoconciencia y autoconocimiento, que le ayudó a vislumbrar el significado de los límites, se dio cuenta del mal que le estaba haciendo a su

hija y decidió que ya era hora de marcarle límites y consecuencias, y de paso, ganarse su respeto y consideración:

• No se engancha y rechaza las explicaciones de su hija,
haciéndose consciente de que sólo eran pretextos. Pedir
explicaciones ante la transgresión de un límite es darle pie
a los hijos para que busquen un pretexto por el incumplimiento del mismo. Por otro lado, es dar lugar, cuando el
carácter del padre es débil ante el hijo, a que éste lo convenza de que no fue su culpa el incumplimiento del límite
y evadir de esta manera la consecuencia de ese hecho. Por
otro lado, cuando se pide una explicación y no es satisfac-
toria para los padres, puede suceder que éstos se engan-
chen con la explicación al grado de que se deje de lado el
tema principal, que es el incumplimiento del límite. Por
todas estas razones, lo que aconsejo es no pedir ninguna
explicación.
• Entrega las reglas por escrito a su hija, en las que des-
cribe de forma clara y precisa cada una de ellas y las consecuencias de su incumplimiento; expresa firmeza en sus
palabras y no se engancha en el "sermoneo". Cuando se
dan las reglas de esta forma a los hijos, el éxito es casi
rotundo. Insisto: es importante no "sermonear" ya que,
aunque las reglas se hayan realizado en forma adecuada,
si éstas van acompañadas de una filípica, entonces se perderá su validez ante los hijos.
• La madre le habla a la hija sin carga emocional. Cuando
se implementa un límite a los hijos, al buscar que cumplan
con los puntos anteriormente mencionados, es importante hacerlo con serenidad, esto es, imponerlos sin enojo,
sin tristeza, sin hacerse la víctima, etcétera. Ninguna de
estas frases: "Esto me duele más a mí que a ti", ya que
implementar límites a los hijos no debe doler a los padres,
puesto que lo que buscan es un bien mayor que apuntale
su desarrollo. Por razones semejantes, tampoco se deben

decir: "yo no quería pero tú me obligaste a llegar a esto", "es la única solución que encuentro". Sentencias de este tipo harían pensar a los hijos que los límites son un castigo o un mal necesario en su vida, cuando en realidad no son ni lo uno ni lo otro; significan la forma más sana y profunda de mostrar nuestro verdadero amor.

• La madre no se engancha ni con el enojo, las amenazas y chantajes de su hija, indicándole que ella es responsable de lo que decida hacer. Cuando los padres comienzan a poner límites a sus hijos, obviamente éstos se van a defender de todas las formas posibles; tal vez se enojen, griten, insulten, lloren, amenacen y chantajeen. El éxito de los padres estriba en no dejarse enganchar por todo ello, lo cual suele ser difícil. Para no fallar en esto, aconsejo seguir los siguientes puntos:

1. No responder con ningún tipo de carga emocional, es decir, ni positiva ni negativa.
2. No dar más explicaciones que las indicadas en los límites.
3. No dar ningún sermón, por equilibrado que sea.
4. No intentar convencer a los hijos para que estén de acuerdo. Ésas son las reglas y no hay nada que discutir.
5. Que los hijos sepan que la responsabilidad de cumplir con los límites es de ellos y que si deciden no hacerlo los afectados serán ellos.
6. Que los hijos sepan que los padres están dispuestos a hacerlos que cumplan los límites "a toda costa".

He de aclarar que esta forma de implementar límites es para casos extremos en los que los padres han perdido el respeto de sus hijos y requieren retomar el control; esto es, la mejor forma de implementar los límites es haciéndolo de común acuerdo con los hijos, es decir, que ellos mismos se comprometan a cumplirlos y que nosotros, como padres, nos comprometamos a adoptar actitudes que sirvan para mejorar la relación con ellos. Sin embargo, ante padres sobreprotectores, cuando los hijos ya tienen el control, es difícil lograrlo de esta forma ya que, como mencioné, los hijos harán todo lo posible por no perder el control.

Caso 3. Gerardo es un adolescente de 15 años de edad. En la escuela constantemente se burla de todo mundo, pelea con sus compañeros, es grosero con los maestros, se va de pinta y sus calificaciones son muy bajas. Los responsables de la escuela varias veces han mandado llamar a sus padres pero éstos no parecen estar haciendo nada al respecto. Pidieron entonces que Gerardo fuera a terapia. Sus padres nunca saben dónde anda su hijo ya que es común que ellos viajen o regresen tarde de trabajar. Hoy de nuevo los mandaron llamar de la escuela para comunicarles que su hijo es adicto a las drogas. Sus padres sostuvieron la siguiente plática con él.

PADRE "BUENO"

—Hoy nos llamaron de la escuela otra vez —explica el papá—. Tu mamá tuvo que ir y le dijeron que estás consumiendo drogas. ¿Cómo es eso? Explícamelo.

—No papá, es que revisaron todas las mochilas y encontraron unas tachas en la mía, pero no me pertenecen, papá, te lo juro, alguien las puso ahí.

—¿Que revisaron tu mochila? ¿No lo hacían sólo en las escuelas de gobierno? ¿Por qué revisaron tu mochila?

—Fueron órdenes de la Dirección.

—Sí, pero eso es una invasión a la propiedad, no pueden hacer eso.

—En el reglamento de la escuela que nos dieron a principios de año —interviene la mamá—, dice que ellos van a revisar las mochilas de los niños de secundaria para ver si traen alguna droga y que si así es, entonces será motivo de suspensión.

—Pues tuviste suerte de que no te expulsaran. ¿No lo expulsaron verdad? —pregunta el papá dirigiéndose a su esposa.

—No, pero tuve que convencer a la directora de que haríamos algo al respecto. Ya le dije que está en terapia y prometí que hablaría con su terapeuta.

—Bueno. Ahora dime, ¿por qué traías esas tachas en tu mochila?

—No sé papá, yo creo que algún compañero las puso ahí.

—¿Acaso tienes compañeros que consumen drogas?

—Pues sí, algunos.

—¿Cómo sabes? —le pregunta la mamá.

—Porque me he dado cuenta, yo he visto cómo algunos se las dan a otros compañeros.

—Por eso no me gusta esa escuela —sentencia la mamá—, tienen muy malas influencias.

—¿Me estás diciendo que no eran tuyas? —pregunta el papá.

—Sí papá, de verdad.

—Entonces, ¿tú no consumes drogas?

—No papá, claro que no.

—Sabes que las drogas destruyen, ¿verdad?

—Sí papá, lo sé.

—Bueno, pero a ver, ¿por qué crees tú que alguien pondría las tachas en tu mochila? ¿Sabes quién fue?

—No, no sé quién fue porque no vi nada.

—No me gusta eso de que compañeros utilicen las mochilas de otros compañeros para introducir droga a la escuela —complementa la mamá.

—Sí caray, no sé qué vamos a hacer —dice preocupado el papá —. Por lo pronto me haces el favor de que no permitas que nadie se acerque a tu mochila, si es necesario le pones un candado pero por ningún motivo quiero que alguien se vuelva a acercar a tus cosas. Y tú —le ordena a su esposa—, a ver si vas a hablar a la escuela para ver qué está pasando.

—La vez pasada que lo expulsaron por pelear y fui para decirles que Gerardo no había sido —explica la mamá—, se enojó la directora y me dijo que lo que pasaba es que yo no quería reconocer que Gerardo era un niño peleonero y conflictivo.

—No puedo creerlo —comenta el papá—, en esa escuela ven sólo lo que quieren ver y lo que les conviene. Desde que se peleó aquel día con ese compañero al que descalabró y que hasta nos hicieron que lo metiéramos a terapia para que no lo expulsaran, quieren echarle la culpa a Gerardo de todo lo que pasa; ¿no te llamaron el otro día para decirte que era muy grosero con los maestros cuando son ellos quienes les hablan mal a los alumnos? No cabe duda que los conflictivos son ellos. Sí, sería bueno que te fueras a quejar, ¿eh?

—¿Por qué mejor no dejamos las cosas así? —pregunta la mamá—. Al fin que ya es el último año de secundaria y a la prepa va a ir a otra escuela. ¿Para qué nos peleamos con la escuela?

—Bueno, en eso tienes razón, vamos a dejarlo así. Y tú hijo, pórtate bien lo que resta del año, no les des motivos para que te achaquen más cosas, ¿OK?

—Sí, papá.

—¿Cómo vas en tu terapia? ¿Bien?

—Sí, bien papá.

—¿Crees tú que te esté sirviendo de algo?

—No sé, tal vez.

—Para lo que cobra el terapeuta. En cuanto acabe el ciclo escolar, si ya no quieres ir, ya no vayas, ¿de acuerdo?

—Sí, está bien.

—Bueno, vete a hacer tus cosas.

—Voy a salir con unos amigos.

—Bueno, no regreses tarde.

—Gracias papá, buenas noches y que te vaya bien en tu viaje de mañana. Nos vemos, mamá.

—Nos vemos, hijo —concluye satisfecha la mamá.

Padre "malo"

—Hoy nos llamaron de la escuela, otra vez —explica el papá—. Tu mamá tuvo que ir y le dijeron que estás consumiendo drogas. ¿Cómo es eso? Explícamelo.

—No papá, es que revisaron todas las mochilas en la escuela y encontraron unas tachas en la mía, pero no me pertenecen, papá, te lo juro, alguien las puso ahí.

—¿Te das cuenta Gerardo, que cada vez que nos mandan llamar de la escuela para darnos alguna queja tuya, siempre alegas que no fue tu culpa?

—Pero es verdad.

—Gerardo, perdóname, pero no creo que siempre tengas la mala suerte de que te acusen de algo que no hiciste. Hasta ahora, tu mamá y yo no habíamos querido afrontar el hecho de que tienes problemas, y por eso te creíamos todo lo que nos decías, pero sabes qué, se acabó, vamos a ver qué está pasando contigo, porque si estás consumiendo drogas es porque tienes un problema mayor de lo que yo había creído.

—Te juro que no ando en drogas, papá, de veras.

—Está bien, entonces prepárate, porque en este instante vamos a que te hagan un examen toxicológico. Si ahora me dices la verdad, no te voy a castigar, vamos a hablarlo, pero si el examen sale positivo y descubro que me estás mintiendo, entonces sí te voy a castigar pero por haberme mentido. ¿Está claro?

—Está bien, pero sólo la probé una vez, de veras papá.

—Hijo, no es verdad, tú consumes drogas de la misma forma que te peleas con tus compañeros y te burlas de ellos y les contestas mal a tus profesoras. Me negaba a aceptar todo lo que nos decían en la escuela pero ahora sé que es verdad, que ése eres tú.

—Gerardo —interviene la mamá—, ¿qué está pasando contigo?

—Nada mamá, en la escuela exageran todo.

—No, Gerardo —explica la mamá—, cuando una persona tiene un comportamiento tan agresivo, es porque está severamente enojado y cuando consume drogas es porque está severamente confundido. Tú estás enojado y confundido y la verdad es que no te culpo. Ni tu padre ni yo te conocemos bien ya que nunca estamos cerca de ti. No sabemos qué haces, qué piensas, cómo piensas, a dónde vas, cómo te sientes. No sabemos nada de ti, excepto que lo que queremos ver y oír. No sabes cómo lamento haberte abandonado tanto y conocerte tan poco.

—Hijo, te queremos aunque te lo hayamos demostrado poco —dice el papá—, pero a partir de hoy te prometo que vamos a estar más a tu lado, vamos a ayudarte a trabajar con tu enojo y si para disiparlo la solución está en las manos de tu mamá y las mías, te prometo que vamos a poner todo de nuestra parte para ayudarte. Ya no te vamos a dejar solo. Por lo pronto voy a cancelar mi viaje de mañana, vamos a pasar tú y yo todos los días una hora juntos para platicar y realizar alguna actividad. Podríamos armar ese avión a escala que tienes. ¿Te parece?

—Está bien.

—Y quiero ir contigo a tu próxima sesión de terapia, no conozco a tu terapeuta. ¿Es hombre o mujer?

—Hombre, pero ¿para qué quieres ir?

—Quiero conocerlo, platicar con él, contigo presente. ¿Estás de acuerdo?

—Preferiría que no.

—Bueno, pero aunque así sea quiero conocerlo; en tu próxima sesión te voy a acompañar.

—No sé, es que el terapeuta está de viaje y no me dijo cuándo regresaba, y por lo pronto me canceló las sesiones.

—¿Cómo que te canceló las sesiones? —pregunta sorprendida la mamá.

—Sí, dijo que se iría unos meses fuera de México y que me hablará cuando regrese.

—Y, ¿por qué no me habías dicho nada? —continúa la mamá.

—No quería preocuparte, mamá.

—¿Desde cuándo no vas a terapia? —pregunta el papá.

—No sé, como un mes o dos, no me acuerdo.

—Quiero que empieces nuevamente con la terapia.

—¿Para qué papá?, no me sirve de nada.

—Bueno, eso lo hablamos después.

—¿Ya me puedo ir?

—¿A dónde quieres ir?

—Voy a salir con unos amigos.

—Lo lamento hijo pero no puedes ir.

—¿Por qué no?

—Bueno, para empezar, porque aunque tu madre y yo estamos conscientes de que somos responsables en gran medida de tus problemas, no podemos eludir el hecho de que eres tú el que tienes problemas y que eres tú el que deberá poner más empeño para solucionarlos. No sé, ¿de dónde sacaste la droga?, ¿cuánto tiempo tienes consumiéndola?, ¿con qué tipo de amigos te juntas?, ¿si ellos también consumen?

—Ellos no consumen papá, y ya te dije que fue sólo una vez.

—Sí, ya me has dicho muchas cosas que no son ciertas, así que de ahora en adelante, hasta que yo no compruebe que lo que me dices es verdad, o hasta que te vuelvas a ganar mi confianza hablándome con la verdad, no confiaré en lo que me digas. Voy a estar contigo, tu mamá y yo vamos a estar contigo mientras superamos toda esta etapa, pero mientras eso sucede, nos apegaremos a las siguientes reglas:

1. No puedes salir entre semana con los amigos. Puedes traerlos a la casa si quieres, siempre y cuando tu mamá o yo estemos aquí. Por cierto que tu mamá ya sólo va a trabajar dos tardes por semana, las demás va a estar aquí contigo.
2. Vas a dedicarle dos horas diarias de tu tiempo a estudiar. Tus calificaciones son muy bajas y, ¿cómo no van a ser así?, si casi no le dedicas tiempo al estudio.
3. De ahora en adelante mi secretaria ya no te va a ayudar en tus trabajos escolares. Tú te vas a encargar de todo.
4. Voy a revisar tu boleta de calificaciones cada mes. Si repruebas alguna materia, yo mismo te voy a dejar trabajos pesados de esa materia. Creo que ya es hora de que aprendas el valor del esfuerzo en el estudio.
5. Vas a inscribirte en algún club y a practicar el deporte que quieras por lo menos tres veces por semana.
6. Vas a entrar a un programa de desintoxicación y para que te ayuden a dejar las drogas. En ese programa, te van a dar terapia individual para que te ayude a manejar tu confusión y tu enojo.
7. También vamos a ir tu mamá, tú y yo a terapia familiar para aprender a conocernos y a comunicarnos.
8. Ya no vamos a aceptar que seas grosero con tus maestros y compañeros de escuela, ni con la muchacha de la casa, que ya te he oído cómo le pides las cosas.

9. Si cumples con todos los puntos anteriores, vas a poder salir con tus amigos los fines de semana, siempre y cuando sepamos a dónde vas, con quién vas y a qué hora regresas. Si no cumples no vas a poder salir ni te voy a dar dinero para gastar.

10. En cuanto al coche que me pediste que te comprara ahora que vas a cumplir 16 años y que ya te había dicho que sí, queda suspendido hasta que demuestres que te lo mereces, esto es, hasta que hayas cumplido con todos los puntos que te acabo de decir durante seis meses.

—Creo que estás exagerando, papá.

—No hijo, exageré al no darte atención antes, ahora estoy actuando como un buen padre, como debí de haberlo hecho antes.

—Es que ahora me quieres tratar como si fuera un niño chiquito, eso no es ser un buen padre.

—Con el tiempo, cuando te empieces a liberar de tanta confusión, lo entenderás.

—Yo no tengo nada que entender y si crees que eso me va a ayudar a estar menos enojado, te equivocas, estoy más enojado.

—Entiendo que estés enojado, por lo menos ahora conocemos la causa de tu enojo, pero vas a tener que seguir todas y cada una de las reglas.

—¿Y si no quiero?

—Bueno, si no quieres ya sabes cuáles son las consecuencias: no puedes salir el fin de semana con tus amigos, no te voy a dar dinero y te olvidas del coche.

—No se vale.

—Mi vida —le dice la mamá—, es por tu bien.

—No, nada de eso puede ser por mi bien.

—Lo lamento hijo pero así van a ser las cosas de hoy en adelante —afirma sin titubeos el papá—. Te aconsejo que pienses las cosas con calma, estoy seguro que cuando estés más tranquilo te darás cuenta que no es tan grave como en estos momentos lo piensas.

—No lo creo.

—Bueno, mañana lo volvemos a hablar. Por cierto, éstos son los datos del centro de desintoxicación al que vas a ir. Tratan únicamente a jóvenes, léelo para que te enteres de cómo funciona, toma.

CONSECUENCIA EDUCATIVA DE LAS PADRES "BUENOS"

Estos padres, son del tipo que buscan "tapar el sol con un dedo", por medio de la negación. La negación consiste en no querer darse cuenta de la existencia de un problema, eludiéndo o culpando a un tercero. En este caso, los padres de Gerardo desviaron toda la responsabilidad y culpabilidad hacia el establecimiento escolar de su hijo, pues de esa forma no tendrían que lidiar con el problema. Para darnos cuenta de las diferentes formas que se utilizan para evadir el problema, analicemos el diálogo que Gerardo tuvo con sus padres:

• Gerardo le dice a su padre que revisaron su mochila en la escuela y que encontraron droga. El padre, como primera reacción, no queriendo enfrentar el hecho de que su hijo tenía droga en su mochila, se desatiende de ese hecho y se molesta porque en la escuela revisaron las mochilas de los niños, transfiriendo su atención y enojo hacia las autoridades de la escuela.

• Cuando la mamá le avisa al padre que en la escuela entregaron un reglamento en el que se menciona que llevar droga a la escuela es motivo de suspensión, el padre se preocupa más por saber si su hijo fue expulsado o no que por averiguar si el joven consume drogas. Nuevamente el padre evade el problema principal, preocupándose más por los efectos del problema que por el problema en sí.

• El hijo dice a los padres que la droga no era de él, que pertenecía a algún compañero y éstos, encontrando en esa respuesta la mejor forma de eludir el problema, deciden creerle y "tapar el sol con un dedo". El hijo, conociendo los temores de sus padres, les dice justamente lo que ellos desean y esperan escuchar, porque sabe que de esa forma quedarán satisfechos y no investigarán más.

• Los padres transfieren todo su malestar hacia la escuela y hacia los otros alumnos, argumentando que en ese centro escolar su hijo tiene muy malas influencias. Cuando llega alguien y les dice a este tipo de padres que su hijo ha hecho algo que ellos consideran mal, es común que, como primera reacción, deseen transferir la responsabilidad a otros padres: "No fue mi hijo, fue otro niño, el hijo de alguien más". Por ello, puesto que conoce a sus padres perfectamente bien y que su objetivo en ese momento era transferir la atención de éstos hacia un tercero, fue que Gerardo les dijo que él sabía que algunos de sus compañeros sí consumían drogas.

• El padre le pregunta a su hijo si sabe que las drogas destruyen como si por el hecho de que su hijo sea consciente de ello, bastara para que no las consuma. No sé en qué cabeza ingenua cabe el creer que existe alguna persona que nunca va a hacer algo sólo por saber que le hace daño, esto es, alguien que nunca va a fumar porque sabe que el tabaco es dañino, que nunca va a ingerir alcohol por la misma razón o que nunca se va a desvelar porque sabe que a la larga la vigilia lo afecta. No creo que exista una persona así, pero si existe no creo que sea un joven de 15 años de edad, al que constantemente le llaman la atención en la escuela por pelear, ser grosero y no estudiar. Es obvio que este padre busca todas las formas posibles para no enfrentar el hecho de que su hijo tiene realmente un problema.

• El padre, queriendo mostrar preocupación, como si realmente se lo creyera, le pide al hijo, indignado, que no permita que nadie se acerque a su mochila. Es increíble cómo hay algunos padres que ven sólo lo que quieren ver y creen sólo lo que quieren creer. Incluso son capaces de ver fuego donde no lo hay con tal de no ver que su casa se está incendiando.

• La madre le recuerda al padre cómo la directora de la escuela ya les había dicho en una ocasión, que ellos no querían reconocer que Gerardo era un niño peleonero y conflictivo; el padre sólo comenta que en la escuela únicamente ven lo que quieren ver. Hay un dicho que dice "lo que te choca, te checa", es decir, es común en las personas que justo el defecto que critican en los demás, es el defecto más evidente en ellos mismos; y estos padres no son la excepción, se encuentran en un estado completo de negación. El padre transfiere todo su enojo y su indignación hacia la escuela, dejando intacto cualquier acercamiento o conocimiento de su hijo.

• Los padres terminan la conversación con su hijo, empatizando con él como si éste hubiera sido víctima de las calumnias de la escuela, asegurándole así, una vez más, que pase lo que pase, ellos estarán ahí para taparlo.

Como consecuencia de todos los puntos anteriores, Gerardo será un joven y un adulto que nunca sabrá cómo enfrentar cualquier problema, ya que nunca aprendió ni a reconocerlos y, menos aún, a enfrentarlos. Con ello, estará en un mundo al que no sabrá cómo manejar y del cual sólo encontrará escapatoria ingiriendo drogas.

Hace poco supe del caso de un joven de 17 años que murió de sobredosis. Sus padres ni siquiera sabían que él consumía drogas, a pesar de que su padre era médico. ¿Cómo puede pasar esto?, se preguntaron varias personas. ¿Cómo es posible que, siendo médico, nunca se haya dado cuenta que su hijo era adicto? Porque probablemente él era del tipo de padres que sólo ven lo que quieren ver y creen lo que quieren creer. Para muchas personas no es fácil enfrentar la realidad, creen que no podrán con ella o que les causará demasiado dolor o que no podrán vivir con los cambios que se den en su vida al tenerla que enfrentar. No obstante, les aseguro, que la realidad es siempre liberadora y que siempre se puede vivir con cambios, sobre todo cuando éstos nos ayudan a crecer ya que cada vez que enfrentamos una situación, nos volvemos más fuertes para enfrentar la siguiente.

¿Cómo se enfrenta la realidad? Escuchando a los demás, dándoles el beneficio de la duda, aceptando el hecho de que "si el río suena, es porque agua lleva". La realidad siempre estará frente a nosotros, en nuestras narices, sólo basta desear abrir los ojos.

Consecuencia educativa de los padres "malos"

Estos padres, habituados siempre a eludir la realidad y aceptar mirarse a sí mismos en el reflejo de un espejo, un buen día, después de ver una película en la que un adolescente de la misma edad de su hijo muere por sobredosis y cuyos padres se encontraban en el mismo estado de negación que ellos, tomaron conciencia de que podrían estar actuando en una película semejante y del daño que ello estaría provocando en su hijo; se dijeron que era hora de enfrentar la realidad, por cruda que fuera. No habían querido darse cuenta de cómo era en realidad su hijo, de hecho, ni siquiera lo conocían bien, por ello, consideraron que el primer paso para lograrlo era empezar por "dejar de ver la paja en el ojo ajeno" para mirar la propia, esto es, empezar por conocer cómo era realmente su hijo, para lo cual sostuvieron una conversación con él con las siguientes consecuencias:

• El padre no se deja enganchar por la afirmación de su

hijo sobre la revisión de las mochilas y que alguien había puesto la droga en la de él; de hecho, lo enfrenta al decirle que él siempre alega que no fue su culpa. Desde esta primera frase se vislumbra cómo el padre ya no está pensando en quién más pudo haber tenido la culpa de lo sucedido, sino que empieza a dirigir toda su atención hacia su hijo y hacia lo que sucede con él. Esto refleja un verdadero deseo de enfrentar la realidad.

• Por primera vez, el padre reconoce que ni él ni su esposa habían querido afrontar el hecho de que su hijo tenía problemas. Reconocer abiertamente y ante el hijo, que antes no eran capaces de enfrentar la realidad, es la mejor forma de empezar a enfrentarla.

• El padre acepta ante él mismo que su hijo es capaz de mentir, y está dispuesto a comprobar sus sospechas llevando a su hijo a hacerse análisis toxicológicos. Muchas veces los padres sospechan que los hijos les mienten, pero ante la firme insistencia de éstos de que no están mintiendo, que dicen la verdad, los padres sucumben ante las palabras de sus hijos y terminan por aceptarlas como "la verdad". La realidad que vivimos actualmente, es que cada día los niños consideran menos el valor de la veracidad, esto es, se han vuelto cada día más y mejores mentirosos; mienten sin vergüenza ni remordimiento alguno, esperando siempre que se les creerá. Los adultos estamos educados y acostumbrados a que ser mentiroso es algo grave y que llamar a alguien mentiroso, sin estar absolutamente seguros de que miente, también es algo grave por lo cual preferimos callarnos y otorgar la duda a cualquier persona y sus afirmaciones, antes que enfrentarlo y llamarlo mentiroso. Esto mismo nos sucede con los niños, nos quedamos sin hacer ni decir nada ante cualquiera de sus afirmaciones, sin darnos cuenta que en realidad los niños nos tienen tomada la medida a todos y utilizan la mentira para lograr cualquier fin. Todos los niños mienten, por buenos que sean, porque todos los niños saben que es la mejor forma de escapar a cualquier regaño o castigo o situación molesta para ellos.

Como padres, lo mejor que podemos hacer por nuestros hijos es, en primer lugar, enseñarles que la mentira es siempre peor que cualquier cosa que haya hecho y que de sus labios siempre deben brotar palabras que revelen la verdad; en segundo lugar, nunca dar por sentado que todo lo que nos dicen nuestros hijos es verdad.

• Los padres se permiten pensar que quizá sea cierto todo lo que les habían dicho en la escuela acerca de su hijo. El reconocer que puede ser cierto lo que nos digan terceras personas sobre nuestros hijos, es permitirnos tener un mayor conocimiento de ellos y, por lo tanto, tendremos más herramientas para analizar su problemática y de esta manera, conocer el camino que nos lleve a su solución. En este caso, el padre, al aceptar que su hijo consume drogas, pelea, es grosero y se burla de sus compañeros, tiene suficientes herramientas para darse cuenta que la problemática de su hijo está asociada con el enojo y la confusión y, por lo tanto, puede ayudarlo manejando cuidadosamente estos dos factores.

• Los padres aceptan haber estado lejos de su hijo y que no lo conocen bien; reconocen que este hecho puede ser el causante de su gran enojo y confusión. Como padres es importante saber que nosotros somos responsables y causantes de la forma de ser y actuar de nuestros hijos. Éstos no nacen malos ni se hacen malos sólo porque sí; todo efecto tiene una causa y la sabiduría estriba en saber encontrarla dentro de nosotros mismos. Lo que sí puedo afirmar es que no importa el estilo de padre que seas: cuando los hijos tienen problemas, la causa siempre estará asociada con la falta de atención.

• Los padres piden disculpas a su hijo por haberlo abandonado. Disculparse es un acto de amor y generosidad y nunca está por demás con los hijos. Es una forma para que ellos se den cuenta que somos capaces de reconocer nuestros errores y buscar enmendarlos.

• Los padres afirman su amor a su hijo y establecen las primeras medidas de cambio, prometiéndole que estarán más a su lado y para ello toman acciones concretas, como cancelar un viaje y dejar de trabajar por las tardes. A las palabras se las lleva el viento, por lo que ninguna promesa o disculpa es válida si no va acompañada de acciones concretas; es la única forma de mostrar que nuestro arrepentimiento y nuestro deseo de cambio es real. No lo olviden: los actos, las acciones.

Esto es algo importantísimo porque personalmente he sido testigo de muchos deseos de cambio, lloriqueos, sentimientos de culpa y arrepentimiento, que después, se quedan en el aire porque en el momento no se concretó ninguna acción específica. Por más arrepentido que parezca uno, por más perdones que se les pida a los hijos, si no se concretan acciones específicas en el momento que se habla con los hijos, éstos se sentirán engañados y traicionados y el resultado será diez veces peor, esto es, si antes eran agresivos serán mucho más agresivos; si antes eran crueles, serán mucho más crueles, etcétera. Si todavía no estás seguro de poder llevar a la práctica las acciones necesarias para ayudar a tu hijo, mejor no hables con él.

• Al interesarse en su hijo y querer interactuar con él, el padre se da cuenta que el joven le ha estado mintiendo con respecto a sus visitas al terapeuta. Este punto tiene dos aspectos importantes, el primero es el darnos cuenta que sólo interactuando con nuestros hijos podemos saber realmente qué están haciendo. En este caso, si el padre no se hubiese interesado en acompañar a su hijo, nunca hubiera sabido que éste ya no estaba yendo a su terapia. El segundo aspecto importante, es que el padre pudo constatar, por segunda vez, que su hijo le miente y esto es importante porque en alguna futura ocasión, si el padre llega a tener dudas sobre la veracidad de su hijo, no se sentirá mal por enfrentarlo.

• El padre, a pesar de haber reconocido su participación en los problemas de su hijo, y sin dejarse hundir por el sentimiento de culpa, asume sólo la parte de responsabilidad que le corresponde y hace responsable a su hijo de la que a él le toca. Esto es muy saludable porque muchos padres, cuando se hacen conscientes de algún daño que le han causado a sus hijos, tratan de compensarlo haciéndoles más daño aun.

• El padre entrega a su hijo, punto por punto, las nuevas reglas a seguir y la consecuencia por no cumplirlas. Esto, como lo he mencionado en cada uno de los ejemplos anteriores, es crucial para que se dé el cambio. Como se puede observar, en varias de las reglas se incluye el practicar algún deporte por lo menos tres veces por semana. Les aconsejo mucho a todos los papás que lo hagan con sus hijos, ya que el deporte ayuda a los niños a liberar endorfinas lo cual es bueno para contrarrestar el enojo y la depresión, además de todas sus bondades intrínsecas.

• El padre menciona en una de las reglas, que el hijo deberá asistir a una clínica de desintoxicación. Como muchos de ustedes se habrán dado cuenta, el tema central de la plática sostenida entre estos padres y su hijo, no fue el hecho de que él consumiera drogas. Muchos padres que descubren que sus hijos consumen drogas, tratan al hecho como si se tratara del problema principal. "En mi casa no se consumen drogas", suele ser lo primero que dicen algunos padres. La realidad es que consumir drogas es la forma que los adolescentes tienen para rehuir el verdadero problema que los está torturando; entonces, si no enfrentan sus verdaderos problemas, los adolescentes no dejarán de consumir drogas sólo porque sí; por eso, debe tratarse el consumo de drogas como un síntoma más de determinada problemática. Si regresamos al diálogo de estos padres con su hijo, veremos que eso fue exactamente lo que ellos hicieron, trataron el consumo de droga como el síntoma de una problemática diferente, tratando de vislumbrar en qué consistía ésta.

Es importante saber que no siempre se vislumbra la problemática a simple vista, a veces toma días o meses, pero con la ayuda de la terapia adecuada y si no se quita el dedo del renglón, se obtienen resultados satisfactorios.

• Los padres no se dejan enganchar por la renuencia de su hijo, nada de: "Bueno, empezamos el mes que entra", o algo así. Se mantienen firmes, calmados, sin carga emocional, tal y como se deben entregar las reglas a los hijos.

Como consecuencia de todos los puntos anteriores, Gerardo será un joven que aprenderá a manejar sus emociones. Por primera vez contará con un verdadero apoyo de sus padres. Los cambios no son rápidos, toman tiempo. En estas líneas expreso la forma de empezar a realizarlos, pero es importante saber que esto no es algo que se dé de la noche a la mañana; requiere de paciencia y constancia.

Límites de 15 a 18 años de edad, sexta etapa de vida

El objetivo de esta sexta etapa de vida, es buscar que los adolescentes tomen conciencia de que lo que siembren en esta etapa de vida, será lo que cosechen como adultos, esto es, que se den cuenta que los mismos errores y aciertos con los que viven hoy, así como las mismas cualidades y defectos con los que se desarrollen, serán los que marquen el desenvolvimiento de su existencia de adultos. Por tal motivo, como padres, debemos hacernos conscientes de cómo están viviendo nuestros hijos en esta etapa de vida y tratar de que ellos mismos busquen hacerlo de una forma fructífera y productiva, asimismo, ayudarlos a situarse en su realidad.

En la cuarta etapa mencioné que los niños que viven sin límites, suelen tener un comportamiento intranquilo, nervioso, hiperactivo y cargado de agresividad; posteriormente, en la quinta etapa, ese comportamiento se convierte en ira y confusión, con actitudes retadoras hacia todos los que les rodean, cayendo a veces en el alcoholismo, la drogadicción y promiscuidad para buscar acallar sus confundidas emociones. En esta sexta etapa, cuando hasta entonces han vivido sin límites, su comportamiento tiene cambios tomando uno de los dos siguientes caminos: en el primero, conservan la ira y se convierten en personas con actitudes delictivas, sin respeto hacia ninguna autoridad, buscan su independencia y hacen lo que se les venga en gana sin hacer caso de nada ni de nadie; en el segundo, acallan la ira pero se convierten en personas apáticas, interiormente débiles, que todo les aburre, que todo les molesta. En ambos casos, sólo les interesa aquello que requiera el menor esfuerzo posible o que represente mayor diversión.

En esta sexta etapa, más que en la anterior, ya no se puede hacer absolutamente nada por la fuerza con los hijos. Cualquier intento de apretar demasiado, sabiendo ellos que pueden valerse por sí mismos, hará que deseen abandonar el seno familiar para buscar su propio derrotero, por inútiles que sean. ¿Cómo se pueden manejar los límites entonces en esta etapa? ¿Qué podemos hacer como padres? Para encontrar la solución a estas interrogantes, hay que actuar con inteligencia, encontrar los puntos débiles de ese hijo y empezar por ahí. Por ejemplo, sabemos que en ambos casos, su interés está centrado en aquello que requiera el menor esfuerzo posible o que represente mayor diversión, por lo tanto, se puede apretar atacando estos dos elementos de la siguiente forma:

• No les compres nada ni les regales nada sólo porque lo desean. Con los adolescentes es preferible darles una cantidad de dinero fija semanal para que ellos adquieran las cosas que quieran. Es importante que sea una cantidad fija para que aprendan a manejar sus finanzas y a establecer prioridades en lo que quieren adquirir al mismo tiempo que aprenderán a ahorrar si es que quieren adquirir algo más caro. Nunca les des más de lo acordado.
• El dinero que les des deberá estar supeditado al cumplimiento de ciertas obligaciones: tener su cuarto arreglado, sacar buenas calificaciones, regresar a determinada hora a la casa, cumplir con las tareas de la casa que tengan asignadas, hablarles con respeto a sus padres y hermanos, entre otras. Es preferible si asignas un valor a cada objetivo, por ejemplo, tener el cuarto arreglado toda la semana vale $50, sacar calificaciones arriba de 8 vale $10 cada una pero por cada reprobada pagan $50, y así sucesivamente.

• Si decides regalarles algo, como un aparato de música o una tv, no se lo des gratuitamente, dáselo como regalo de cumpleaños o de Navidad, esto les ayudará a valorar las cosas materiales y a aprender que no se obtienen sólo por desearlas.

• Nunca, sin importar cuánto dinero tengas, le regales un coche a tus hijos. Si decides darles coche para que puedan asistir a la escuela o salir con sus amigos, deberás hacer hincapié que el coche no es de ellos, es tuyo y tú se los prestas; de esta forma, al igual que el dinero, podrás quitarles el coche cuando no cumplan con sus obligaciones. No te sientas mal por quitarles el coche y hacer que viajen en camión, metro o taxi, muchos padres creen que no podrían permitir que sus hijos se transporten en camión o taxi por razones de seguridad, sin darse cuenta que nuevamente están cayendo en actitudes sobreprotectoras que no conducen más que a la destrucción de sus hijos. Lo único que les va a pasar a tus hijos por andar en camión o taxi es aprender a valorar lo que tienen y lo que les das. Cuando les des coche, es importante que ellos siempre tengan en mente que no les pertenece y que se los estás prestando, lo cual lograrás asignándoles ciertas labores en las cuales utilicen el coche, como podrían ser: recoger a sus hermanos menores, ir al súper a comprar los víveres u otros mandados.

• Si a tu hijo no le has dado coche pero eres de los padres que lo llevan y lo recogen a todos lados y de todos lados, también puedes supeditar estas acciones a cambio del cumplimiento de ciertas tareas, recordando que no les va a pasar nada por abordar un camión.

La razón por la que se puede utilizar el dinero y el coche como armas para implantar límites en tus hijos, es que el primero los coloca en el predicamento de carecer de los medios económicos con qué divertirse, y el segundo, suspende el hecho de hacer el menor esfuerzo, que todo sea incómodo y desagradable; es decir, que en esta etapa de vida, tus hijos no van a cumplir con sus obligaciones sólo porque tú se los pidas o se los órdenes, eso no funciona; necesitan sentir que van a perder algo muy preciado para ellos para que reaccionen; y aún así, van a tratar de librarse de ello a toda costa, utilizando amenazas, gritos y demás. Tu objetivo es no dejarte amedrentar, no tengas miedo si tu hijo te amenaza con irse de la casa, es muy común que amenacen pero muy raro que lo cumplan, ya que eso atenta contra su búsqueda de la comodidad. Para irse de la casa tendrían que ponerse a trabajar, no tendrían un lugar donde llegar gratis, con la comida preparada, la ropa limpia y todas las otras ventajas que ofrece vivir en la casa paterna. Y en última instancia, si deciden irse, al tener que enfrentarse a todos los sinsabores de la independencia y la autosuficiencia, los conduce a tomar uno de dos caminos: el valorar aquello que nunca lograste que valoraran y aprender aquello que nunca lograste que aprendieran, llevando una vida de lucha y esfuerzo, o el camino de la delincuencia para lo cual ya no habrá nada que puedas hacer. Lo que pretendo decir con esto es que, si tus hijos están en esta etapa de vida y no los has educado con los suficientes límites y los has sobreprotegido, entonces ésta es tu última oportunidad para tomar conciencia del mal que les has hecho y cambiar, porque a partir de los 18 años ya no hay nada que los padres puedan hacer; el cambio en los hijos sólo se logra si ellos mismos desean cambiar, y luchan por ello, llevando a cuestas la desgracia de su mala educación.

Otra vez te recuerdo que los límites de acción no se logran si no van ligados a los de convicción. En esta etapa de vida, como ya vimos, ya no se puede hacer mucho con los límites de acción por lo cual serán los límites de convicción los que logren algún cambio en los hijos.

Para ejemplificar las formas de manejar límites en esta etapa de vida de tus hijos, en la que ellos sienten que ya son adultos, veamos que es lo que hacen los padres "buenos" pero con consecuencias negativas y los padres "malos" pero con consecuencias positivas con relación a la educación de sus hijos.

Caso 1. David es un adolescente de 16 años de edad por el que su madre se la pasa llorando pues dice que "le salió un hijo malo" ya que siempre le grita, la insulta y la agrede. Asimismo, es común que no se levante para ir a la escuela, que se encierre en su cuarto a holgazanear todo el día con la música tan alta que se quejan los vecinos sin que a él le importe, y que se salga de la casa con los amigos cuando se le pega la gana. Todos saben que la mamá de David es una persona tranquila, no agresiva y excelente esposa. Nadie se explica por qué su hijo tiene ese comportamiento con ella al grado de que hay quienes piensan que efectivamente el niño "le salió malo". A continuación veremos uno de esos días de David.

Madre "buena"

—David, ya son las 6:00 de la mañana hijo, párate, si no no vas a llegar a la escuela.

—Ya voy, déjame en paz.

—David, ya son las 6:40, levántate por favor.

—Ya te dije que me dejes en paz, me voy a levantar a la hora que yo quiera.

—Pero es que si no te levantas no vas a llegar a la escuela. Ya has faltado mucho.

—Que no oyes que me voy a levantar a la hora que yo quiera y vete ya, déjame en paz.

—Yo sólo quiero ayudarte, si no vas a la escuela vas a reprobar el año.

—Pues entonces lo reprobaré.

—No hables así, anda, levántate ya.

—¡Ay!, cómo das lata, me voy a levantar con tal de que no me molestes más.

—Mira cómo tienes tu cuarto todo tirado. ¿Por qué nunca arreglas tus cosas?

—Porque no quiero y ya salte y déjame en paz.

Momentos después:

—David, no te vayas sin desayunar, ya te preparé unos huevos.

—No tengo hambre.

—Pero hijo, no te vayas sin comer, te puedes enfermar.

—Ya te dije que no tengo hambre.

—Pero mira, están muy sabrosos. Los preparé como a ti te gustan.

—Ya te dije que no tengo hambre. ¿Qué no entiendes? Déjame en paz.

—Bueno toma, llévate $20 para que te compres algo en la escuela.

David llega de la escuela, come y se va a su cuarto.

—David, ¿puedo pasar?

—¿Qué quieres?

—Quiero saber que estás haciendo.

—Nada.

—Es que tienes la música muy alta.

—Así me gusta oírla y ya no me molestes.

—No entiendo por qué siempre me hablas molesto, yo sólo me preocupo por ti.

—Pues ya no te preocupes por mí, no quiero que te preocupes por mí.

—Pero si soy tu madre, yo sólo deseo tu bien, que seas un buen muchacho.

—Ya vas a empezar. Mira, déjame solo, ya me tienes harto con tus cosas.

—No me hables así.

—Es que no sé cómo hacerte entender que me dejes en paz.

—Pues no te voy a dejar en paz, quiero que me escuches.

—No quiero escucharte, todos los días es lo mismo, estoy cansado de ti, vete de mi cuarto.

—No entiendo por qué me corres, por qué eres así conmigo.

—Porque no te soporto, te odio, estoy harto de ti y sabes qué, ya me voy, no quiero verte más.

—¿A dónde vas?

—No lo sé, lejos de ti, donde ya no pueda verte ni escucharte.

—Por favor, David, no te vayas, habla conmigo.

—Déjame pasar. Que me dejes pasar. Quítate (David avienta a su madre, se va y regresa hasta en la madrugada cuando ella ya está dormida).

MADRE "MALA"

—Son las 9:00 de la mañana, ¿por qué no me despertaste?

—Porque todos los días, cuando te despierto, me pides que no lo haga y que ya no te moleste más y, sabes qué, creo que tienes razón. Estoy consciente que durante muchos años he estado encima de ti, instigándote; y entiendo que ahora estés harto de mí y que sólo desees que te deje en paz. Sé que te he hecho mucho daño y lo lamento. No sé si sea tarde pero he decidido dejarte en paz y devolverte tu tranquilidad. Como tú y yo tenemos que convivir, busqué la forma más sana posible de hacerlo para ambos; lo escribí para que no tengas que escucharme. Formulé algunas reglas de convivencia entre tú y yo que creo que serán lo más sano para ambos, aquí están escritas. Si hay algo que no te guste o que quieras agregar, estoy dispuesta a que lo hablemos. Toma las reglas y este despertador:

1. A partir de hoy, tú te despiertas solo. Yo ya no voy a despertarte.
2. Es tu decisión y tu responsabilidad el ir a la escuela o no.
3. Si repruebas el año, tendrás que buscar trabajo el próximo año porque no te voy a pagar el mismo ciclo escolar dos veces; y si decides no estudiar, te dejo de mantener, esto es, te mantendré siempre y cuando estudies y me compruebes que pasaste el año con la boleta de calificaciones.
4. Deberás mantener tu cuarto recogido todos los días. El día que no lo recojas, no te daré dinero para gastar la semana siguiente.
5. No puedes escuchar la música a gran volumen, deberás escucharla menos fuerte o utilizar audífonos. Si insistes en poner la música tan fuerte que se quejen los vecinos, tendré que quitarte el aparato de música que yo compré.
6. Si quieres que algún día te prepare el desayuno, con gusto lo haré, sólo deberás pedírmelo un día antes y decirme qué quieres de desayunar para que me levante a prepárártelo, de lo contrario, no me verás en las mañanas.
7. A partir de la próxima semana, iremos a una sesión semanal de terapia familiar con el fin de que tú y yo aprendamos a comunicarnos y aprendamos a tener emociones sanas el uno por el otro.
8. A partir de hoy, sólo nos comunicaremos en la terapia, en casa no hablaré contigo, a menos que tú me lo pidas o por indicación terapéutica.

—Sólo necesito que me digas qué día puedes asistir a la terapia.

—No me interesa ir a ninguna terapia.

—Es eso o seguir como estamos. Tú decides. ¿Quieres que te deje en paz?

—Está bien, que sea los martes.

Consecuencia educativa de las madres "buenas"

Esta mamá juega el típico rol de la madre "sumisa y abnegada". Suele ser uno de los más castrantes para los hijos ya que, a simple vista, la madre tiene el papel de "buena" mientras que el hijo tiene el de "malo". Por un lado, el hijo se siente asfixiado por la madre hasta llegar al grado de aborrecerla, pero por el otro, al ser su madre "tan buena", que sólo quiere ayudarlo, hace que el hijo crezca con el sentimiento de que él es una persona mala por no amar y agradecer a su madre por todo lo que ésta hace por él, causando un sentimiento profundo de culpa que sólo es liberado mediante la autodestrucción; por esa razón es que este tipo de madres suelen tener hijos con comportamientos sumamente autodestructivos. Pero, ¿es la madre tan buena como parece? Analicemos la relación y los diálogos que sostiene con su hijo.

• La madre despierta a su hijo todas las mañanas. Esta madre se ha encargado de hacer de su hijo un inútil que ni siquiera puede hacerse responsable de levantarse cada mañana. Reitero que la responsabilidad de hacer inútiles a los hijos, es de los padres que no son capaces de cortar las ataduras que los ligan con sus hijos para que ellos puedan enfrentarse al mundo. La razón principal por la cual estos padres buscan siempre hacerse indispensables para sus hijos, es el temor a perderlos y a quedarse solos, además de que es otra forma de seguir manteniendo el control sobre éstos.

• La madre instiga al hijo, "con el fin de ayudarlo", sin escuchar sus palabras. Tres veces le pide el hijo que "lo deje en paz", y todas hace caso omiso. En cada frase que el hijo pronuncia se observa cómo busca desesperadamente librarse del acoso de su madre: le pide, la amenaza, le grita, la corre y la insulta. Y la madre "como cuchillito de palo", insiste, insiste e insiste. Es de hacer notar que entre más agresivo es el hijo con la madre, más insistente e instigadora se muestra ella. Pareciera como si deseara provocar ese comportamiento en su hijo. ¿Por qué se da esto? Hay personas que necesitan que las maltraten para sentirse amadas o que son necesarias, es algo así como un comportamiento masoquista. Existen muchas parejas que tienen este tipo de relación, sadomasoquista, en la que uno instiga y maltrata al otro y éste es feliz dejándose maltratar. Si esas parejas desean vivir así es su decisión y son personas adultas. Sin embargo, cuando los padres tienen ese comportamiento con los hijos, cuando éstos no decidieron estar en esa posición sino que fueron obligados por la patología de sus progenitores, experimentan emociones sumamente perturbadoras que los conduce a su autodestrucción.

• Una vez que el hijo se levanta, a pesar de que él le pide que no lo moleste más, la madre sigue queriendo hacerse presente al prepararle y ofrecerle el desayuno, hablándole suavemente pero con actitudes atosigantes. Esto es justo lo que yo defino como una "tortura pasiva". Hacer que la otra persona soporte tu presencia "a toda costa", sin importar sus emociones, buscando quebrar su voluntad. Esto, esa tortura, es lo que David vive día a día y lo que tiene que soportar.

• La madre le da $20 a su hijo para que coma en la escuela, como un acto de bondad. Cuando una persona tortura en forma pasiva a otra pero en el ínterin agrega actos de bondad, el daño emocional en el receptor suele ser mayor ya que es cuando se genera ese profundo sentimiento de culpa, se confunde la tortura con el acto de bondad y se pierde la noción de lo que está bien y lo que está mal.

• En la tarde, la madre acude al cuarto de su hijo y se hace la víctima diciéndole que siempre le habla molesto y que ella sólo se preocupa por él y desea su bien. Nuevamente la madre instiga al hijo con su presencia y con sus aparentes frases amorosas, no sin antes hacerse la víctima para generar más sentimiento de culpa en su hijo. Éste, instado aún por un sentimiento de cordura, huye y regresa hasta el amanecer.

• La madre se interpone físicamente para evitar que su hijo se vaya. Esto es algo común en las personas masoquistas, buscan ser agredidas físicamente para sentir con más intensidad la agresión. Sin embargo, en la ya dañada pero aún viva psique de David, este acto provocará un sentimiento de culpa más intenso; por desgracia entre mayor sea el sentimiento de culpa, en igual proporción es la conducta autodestructiva.

Como consecuencia de todos los puntos anteriores, lo más probable es que David crezca como una persona inútil, con una mente sumamente atribulada, con un profundo sentimiento de culpa y conducta autodestructiva. Probablemente deje los estudios y busque el escape de su mente atribulada mediante las drogas o el alcohol.

CONSECUENCIA EDUCATIVA DE LAS MADRES "MALAS"

Esta madre dañada severa y emocionalmente, de igual manera ha dañado a su hijo, un buen día, después de haber estado un tiempo en terapia que le ayudó a vislumbrar la falta de vida propia y cómo ello había dañado a su hijo, decidió cambiar; decidió que quería empezar a vivir con emociones sanas, por su propio bien y por el de su hijo, y para ser honesta obró de la forma más sana que pudo encontrar. Ella ignoraba si el daño era reversible e ignoraba si lograría sus nuevos propósitos, pero actuó con las siguientes consecuencias:

• La madre decide en primer término liberar a su hijo, ayudándole a hacerse responsable de sí mismo, al no despertarlo en la mañana. Éste es el primer y gran paso de liberación, el permitir que los hijos se hagan responsables de sí mismos.

• La madre reconoce ante su hijo su comportamiento instigador y le hace ver que es normal que se sienta harto de ella. Probablemente esta frase haya liberado a David de una carga de 10 toneladas de culpa, probablemente sea la frase más luminosa que la madre pueda expresarle a su hijo puesto que en este caso le da a David la oportunidad de recuperar su vida.

Para empezar a experimentar emociones sanas, se necesitan dos cosas: la primera es aceptar que uno vive con emociones negativas, y la segunda, liberarnos de la culpa de poseerlas para darle paso a la acción. Al decirle la madre a David que ella es la causante de las emociones negativas que experimenta hacia ella debido a su conducta instigadora, le permite al muchacho aceptar abiertamente sus propias emociones negativas hacia su madre y luego liberarse de la culpa por sentirlas al percibir a ésta no como la santa que ha aparentado ser, sino como la persona imperfecta que es.

• La madre le pide disculpas al hijo por todo el daño que le ha hecho. Pedir disculpas es una forma sana de devolver la paz y tranquilidad a nuestro "yo" interior y al del receptor, es una forma de comenzar un capítulo nuevo y de permitir que la contraparte sosiegue su ira.

• La madre entrega las nuevas reglas de convivencia por escrito a su hijo. Sabiendo que lo último que su hijo desea es escucharla, entregar las reglas por escrito es lo más sano que la madre puede hacer para que el hijo acepte escuchar y que, de paso, no haya ninguna duda al respecto.

• La madre se asume verdaderamente como tal al indicarle a su hijo, en los primeros cinco puntos, cuáles serán sus responsabilidades y las consecuencias si no las asume. Si la madre al darse cuenta del daño que le estaba causando a su hijo, hubiera experimentado un profundo sentimiento de culpa que la llevara a permitir que su hijo hiciera lo que él quisiera, entonces estaría pasando de un problema a otro y de una patología educativa a otra. Es común que cuando los padres se dan cuenta que hicieron algo negativo en la educación de sus hijos, quieran enmendarlo consintiéndolos más o permitiendo que tengan comportamientos que normalmente reprimirían, esto es, quieren reparar el daño con otro daño. El mejor bien que podemos hacerles a nuestros hijos es permitirles desarrollarse de la forma más sana posible, enfrentando fracasos y responsabilidades.

• La madre agrega un punto que incluye un acto de bondad: prepararle el desayuno dejándole en libertad de tomarlo o no. Incluir un acto de bondad, de forma no obligatoria, permite al hijo, primero, sentir que las nuevas reglas no son un acto de venganza o para hacerle daño; y, segundo, al no ser algo obligatorio le permite sentir que no es un chantaje o algo semejante sino que es, efectivamente, un acto de bondad.

• La madre acepta que la relación con su hijo y las emociones que experimentan son realmente insanas, de tal forma que no pueden superarlas por sí mismos. La terapia familiar suele ser algo sumamente positivo, sobre todo cuando los hijos son adolescentes, y la relación con los padres es desastrosa, porque con la ayuda de un experto nos permite enfocar los problemas con una perspectiva objetiva.

• La madre indica al hijo que a partir de ese día sólo se comunicarán por medio de la terapia. Como dice el dicho: "A grandes males, grandes remedios". Si la madre no hubiese propuesto la terapia y le hubiese dicho a su hijo que ya no lo iba a molestar o que iba a tratar de molestarlo menos o algo semejante, podría asegurar que nunca solucionarían sus problemas. ¿Por qué digo esto?

Es algo así como la problemática de los alcohólicos: cuando un alcohólico reconoce que lo es y afirma que a partir de ese día va a beber menos, todos sabemos que no lo va a cumplir porque no lo puede cumplir. La única forma de dejar el alcohol es dejándolo por completo, la única forma de dejar las drogas es dejándolas por completo, la única forma de dejar de fumar es dejar de hacerlo por completo, y la única forma de dejar cualquier conducta patológica es dejándola por completo. Por lo tanto, sería ingenuo creerle a alguien que dijera: "ya no te voy a molestar más" sin el acompañamiento de algún cambio radical y extremo como el que propuso esta madre.

Como consecuencia educativa del primer paso que dio la madre está, en primer lugar, la liberación de su hijo. No sería de extrañar que David se haya quedado llorando toda esa noche después del diálogo con su mamá. No sería de extrañar que, después de muchos años de haber sentido aborrecimiento por ella, ése fuera el primer día que sintiera una emoción positiva hacia ella, por pequeña que hubiera sido. Si la madre cumple, como lo prometió, con el reglamento de convivencia que entregó a su hijo, podría asegurar que con el tiempo, y con la ayuda de la terapia, David y ella podrían llegar a tener una buena relación, que podrían llegar a platicar y mostrar sus emociones sin temor alguno. De la misma forma, ya liberado y con la ayuda de la terapia para superar sus emociones negativas, podemos asegurar que David será un joven responsable, con un sano juicio y capaz.

Caso 2. Karina es una adolescente de 17 años de edad cuyos padres están divorciados. A su papá no lo ve seguido pero él se encarga de darle a su hija todo cuanto le pide, sobre todo en lo que a dinero se refiere. Hace un año, cuando cumplió 16 años, su papá le regaló un coche. A partir de entonces, Karina se la pasa en fiestas con sus amigos. Su mamá se ha dado cuenta que constantemente es ella quien les habla, les ruega e invita a los muchachos a salir, ofreciendo pagarles todo o dándoles lo que ellos quieran tomar. Cuando su mamá trata de hablar con ella, Karina le dice que no se meta en sus cosas y que lo que haga es asunto de ella. Ya van varias veces que tienen este tipo de discusiones que siempre se convierten en pleitos, y hoy es uno de esos días.

MADRE "BUENA"

—Karina, ¿por qué eres tú la que siempre les estás hablando a los muchachos?

—No es cierto, no soy yo la que siempre les está llamando.

—¿Cómo de que no? Es la cuarta vez en esta semana que le hablas a David para invitarlo a salir y es la cuarta vez que te dice que no. ¿Para qué le sigues hablando si ya te dijo que no quiere salir contigo?, y eso que le ofreces pagarle todo y no sé qué más.

—Bueno, déjame, es asunto mío.

—¿Qué no te das cuenta que estás mal?

—Déjame, a ti no te importa a quién le hablo o lo que hago, no te metas en mi vida.

—Karina, es que siempre eres tú quien recoge a los muchachos, tú quien paga todo, tú quien les habla, tú quien se ofrece para acostarse con ellos y luego te mandan a volar.

—No es cierto, no me mandan a volar.

—Claro que sí, ya ves el otro muchacho al que estuviste buscando hace tres semanas. ¿Cómo se llamaba? Ah sí, Manuel, después de que le regalaste una tv de cumpleaños, te mandó a volar. ¿Recuerdas?

—Eso fue diferente, yo fui la que se enojó con él.

—Sí, después de que no te invitó a su fiesta de cumpleaños.

—No fue su culpa, Laura le dijo que no me invitara.

—Y prefirió hacerle caso a Laura.

—Bueno ya, por eso ya no salgo con él.

—Pero es que lo mismo te sucede con todos los muchachos que conoces, con todos estás de ofrecida y todos te mandan a volar.

—Eso no es verdad, y tú qué me dices, ¿acaso tu novio no es un mantenido? Viven a costa de lo que te da mi papá.

—¡Por supuesto que no! Escuincla grosera, Raúl trabaja y gana dinero. Tú eres a la que seguramente ninguno de tus amigos te soporta y por eso huyen de ti. Tú eres la que se aprovecha de tu papá y le saca todo el dinero que quieres. Yo no sé por qué tu papá te cumple todos tus caprichos.

—Ya me tienes harta, siempre me estás criticando. Preocúpate por tus cosas y déjame a mí en paz. Sabes qué, ya me voy.

—Tú no vas a ningún lado, no te doy permiso.

—Pues no necesito tu permiso, sabes.

—Claro que sí, sobre todo sabiendo que ya vas a ir de

ofrecida con alguno de tus amiguitos, porque eso es lo que eres, una ofrecida; y ni así se interesan por ti.

—Mira quién habla. Por algo te dejó mi papá y por algo tampoco conservas ninguno de los novios que has tenido.

—A mí no me hablas de esa forma, estúpida.

—Yo te hablo como se me pega la gana y la estúpida eres tú.

Karina toma las llaves del coche y se va.

—¡Karina, ven acá! ¡Me oyes! ¡No vas a salir!, ¡Karina!

Madre "mala"

—Karina, ¿por qué eres tú la que siempre les estás hablando a los muchachos?

—No es cierto, no soy yo la que siempre les está llamando.

—A ver, mi vida, ven, vamos a hablar.

—¿De qué mama?, no tenemos nada de qué hablar.

—Yo quiero hablar contigo, siéntate, por favor.

—¿Qué quieres?

—Estoy preocupada por ti. Me preocupa el hecho que sientas que las personas no te aprecian por lo que eres.

—No sé a qué te refieres; y si ya vas a empezar a criticarme otra vez, olvídalo.

—No, no deseo criticarte, de hecho, deseo disculparme contigo.

—¿Y ahora tú? ¿Qué te pasa?

—Me pasa que recién caí en la cuenta de que todos estos años sólo me he pasado el tiempo criticándote, diciéndote cosas que ni siquiera son ciertas, que si las creí verdaderas en ese momento fue porque estaba muy molesta de que tu papá te cumpliera todos tus caprichos, ya que conmigo nunca lo hizo. Perdóname, ahora me doy cuenta de cuánto te he lastimado.

—¿Estás hablando en serio mamá?

—Sí, estoy hablando muy en serio. La verdad, hija, es que tú eres una persona muy valiosa, tal vez creas que no lo eres porque así te lo he hecho creer yo. ¡Perdóname! Perdóname por haber atentado contra tu autoestima, por haberte hecho creer que no valías, por haberte hecho creer que las demás personas no te iban a querer por quien eres tú.

—No puedo creer que realmente me estés diciendo todo esto —dice y comienza a llorar—. ¿Por qué me dices todo esto?

—Porque es la verdad, y quiero que tú la veas. Porque ya no quiero hacerte daño y tampoco quiero que tú te hagas daño. Porque te quiero y espero que no sea tarde para empezar a demostrártelo.

—¿De veras me quieres mamá?

—Sí, de veras te quiero y estoy segura que cualquier persona que te conozca en el fondo también te va a querer porque eres una persona que tiene muchas cualidades.

—¿De veras lo crees mamá?

—Claro que sí y de ahora en adelante vas a empezar a creerlo tú también, sólo te pido que confíes en mí, voy a ayudarte y juntas vamos a salir adelante.

—¿A qué te refieres?

—Tú crees, tú sientes que las personas no te van a querer por quien eres, por eso las buscas en forma insistente ofreciéndoles todo tipo de cosas.

—Tienes razón, yo no le gusto a nadie, nadie quiere salir conmigo, sólo cuando los invito y les compro cosas. Por eso lo hago, para que me acepten y quieran estar conmigo.

—Pero tú no necesitas hacer eso. Mira, en la vida no todos les caemos bien a todo el mundo ni todo el mundo nos cae bien a nosotros; pero siempre existe alguien con quien hacemos química, alguien a quien le caemos bien, que nos acepta como somos y con quien nos sentimos afines. Debemos tratar de hacer nuestra vida con ese grupo de personas. ¿Para qué buscar a quienes no nos valoran, nos desprecian o nos buscan sólo por interés? No necesitamos de esas personas ni de los tratos que nos dan y que sólo nos hacen sentir mal.

—Es que con las personas que me interesa relacionarme, no quieren tener amistad conmigo.

—Sabes, tal vez haya personas que deseen tener tu amistad y tú ni siquiera te hayas fijado en ellas por estar tan al pendiente de quienes no desean tenerla. ¿Por qué no tratas de ver a tu alrededor y de encontrar nuevas sonrisas? Karina, estoy segura que hay muchas personas a quienes les caes bien, que desean tu amistad y ni siquiera te has dado cuenta de ello.

—No lo creo, mamá.

—Claro que sí. Has oído el dicho que dice: "Siempre hay un roto para un descosido". Mira, te lo voy a demostrar: cierra los ojos y piensa en todas las personas que se han cruzado en tu camino y que consideras que son desagradables, ya sea por su aspecto o porque no son muy simpáticos que digamos, o por la razón que sea. Ahora piensa en los amigos de esas personas. ¿Verdad que tienen amigos?

—Sí.

—Ya ves, siempre existe alguien compatible para cada uno de nosotros, alguien a quien le caemos bien y que nos acepta como somos. No necesitamos comprar ni la aceptación, ni la amistad ni el cariño de nadie. Lo que necesitamos es abrir nuestros ojos y nuestro corazón hacia estas personas. Permite que los demás te conozcan por quien tú eres, permite que los muchachos se acerquen a ti porque les agradas y te aseguro que uno de ellos se enamorará de ti y tú de él. Date esa oportunidad.

—Tienes razón mamá.

—Sabes, cuando un muchacho te busca y te invita a salir, se siente uno muy halagada y ese sentimiento te hace sentir alegre, contenta, ilusionada. Date la oportunidad de experimentar esos sentimientos permitiendo que sean ellos quienes te llamen y te inviten a salir.

—¿Y si nadie me llama?, ¿y si nadie me invita?

—Date tiempo; dales tiempo a ellos para que te conozcan. Date crédito a ti misma. Cuando menos te lo imagines y de quien menos te lo imagines, ahí estará, ya lo verás.

—No lo sé mamá, no sé si podré.

—Claro que podrás, tú y yo vamos a hablar todos los días si es necesario hasta que tú misma estés convencida de cada palabra que ahora hemos dicho.

—Gracias mamá, nunca me había sentido tan comprendida, de hecho nunca antes había sentido que me quisieras, hasta hoy.

CONSECUENCIA EDUCATIVA DE LAS MADRES "BUENAS"

El comportamiento de esta mamá con su hija, corresponde al de aquellos padres que se proyectan en sus hijos. La proyección es el mecanismo por el que atribuimos a otros lo que nos pertenece a nosotros mismos, de tal forma que aquello que percibimos de los demás en realidad se trata de algo que nos es propio, como un sentimiento, una carencia, una necesidad o un rasgo de nuestra personalidad. Cuando una persona no ha solucionado dentro de sí misma algún conflicto de su personalidad, y ese mismo conflicto lo vislumbra en alguno de sus hijos, entonces se dice que, como una reacción de autodefensa, se proyecta en ese hijo y critica constantemente sus "puntos negros". Esto es precisamente lo que le sucede a esta madre. Ella no tiene resuelta la forma como se relaciona con los hombres y al ver que su hija padece del mismo mal, la critica despreciándola sin darse cuenta que lo único que logra con ello es hacer que su hija sea cada día más insegura, con una autoestima cada día más baja y con una necesidad de ser amada cada día más alta. Para vislumbrar de qué forma esta madre perjudica a su hija, analicemos el diálogo que sostuvieron:

• La madre reclama a Karina de forma acusadora, que sea ella quien busca a los hombres, pagándoles todo y ofreciéndoles todo. Cuando se reclama algo a los hijos, en forma acusadora, les estamos haciendo sentir que ellos están mal cuando en realidad es la acción la que es incorrecta. No es lo mismo decirle a alguien que hizo algo mal a decirle que está mal. Para los hijos es muy importante sentir la aceptación de los padres y cuando éstos les hacen sentir a sus hijos que están mal, sólo provocan en ellos angustia, confusión, desvaloración y un sentimiento de que no tienen capacidades para ser amados y aceptados como son, por lo que buscan desesperadamente ese amor y aceptación, por cualquier medio y con quien sea.
• La madre acentúa el juicio de que su hija no es digna de ser amada, al decirle que siempre está de ofrecida y cómo todos la mandan a volar. Si con el reclamo materno que anotamos en el primer punto, no fue suficiente para lograr la desvalorización en su hija, con esta aseveración la madre se encarga de lograr que no quede duda en su hija de lo poco que vale y que no merece ser aceptada.
• La hija reclama a la madre que sus novios también viven a costa de ella. La madre se enfada al verse reflejada en su hija, es decir, se da cuenta que aquello que tanto reprueba a su hija es su propio comportamiento. Como reacción obvia a este hecho, y utilizando el mecanismo de defensa de la negación, la madre se enoja y se altera, agrediendo

a su hija, haciéndole sentir que nadie la soporta y que es ella quien se aprovecha de su papá. Unas de las reacciones obvias cuando se nos enfrenta a una verdad es el enojo y la tendencia irrefrenable de agredir.

• La madre y la hija se insultan mutuamente, perdiendo el respeto que pudiera existir en la relación madre-hija. Cuando se agrede a alguien con la intención de lastimar, la consecuencia obvia de dicha acción son los insultos mutuos y la pérdida de respeto hacia uno mismo y hacia los demás. En este caso, la madre pierde el respeto hacia sí misma y el respeto de su hija.

¿Por qué existen hijos que te sacan de quicio, te desagradan y se te dificulta amarlos? ¿Por qué te empeñas justamente en cambiarlos a ellos?, ¿por qué los presionas tanto? y, ¿por qué insistes, te empecinas para que hagan o dejen de hacer ciertas cosas? Cuando un padre o madre se ensaña con alguno de sus hijos en particular, señalándolo en muchas ocasiones como "la oveja negra" de la familia, es porque tiene características personales parecidas a las suyas que precisamente le disgustan y que hacen que no se acepte a sí mismo, de tal forma que al ver al hijo se ve a sí mismo como en un espejo, le repele, y arremete contra su hijo con mayor enojo y frustración. A este hecho es al que, como mencioné, se le conoce como el mecanismo de defensa de proyección.

La única forma de dejar de agredir a nuestros hijos y comenzar a aceptarlos como son, es empezar por aceptarnos a nosotros mismos, empezar a mirar en nuestro interior, con lupa y sin excusas, buscando hacernos conscientes de cada una de nuestras cualidades y cada uno de nuestros defectos, aceptar los "hubiera" que no se pueden cambiar y luchar por hacerlo con todo aquello que sí se puede.

La consecuencia educativa en los hijos de aquellos padres que constantemente los critican, insultan o humillan, es que se rechacen a sí mismos. Son hijos que crecen sintiendo que no merecen ser amados, no se aceptan a sí mismos y sienten que las demás personas tampoco los aceptarán. Buscan comprar el amor de las personas porque creen que no son capaces de recibirlo por ser quienes son; crecerán sintiendo un vacío emocional en sus corazones, el cual buscarán desesperadamente llenar por medio de relaciones sexuales o cualquier otra relación para sentirse alimentados, sin importar que se trate de sólo migajas. Generalmente, los hijos que crecen con estas emociones, terminan por establecer vínculos sumamente destructivos.

CONSECUENCIA EDUCATIVA DE LAS MADRES "MALAS"

Esta madre que al verse fuertemente proyectada en su hija, la había criticado de forma constante, un buen día, después de haber asistido a un curso donde le enseñaron a autoanalizarse y tomar conciencia de uno mismo, se dio cuenta del daño que había causado en su hija —hacerle perder su autoestima— al juzgarla en forma tan injusta y severa. En el curso logró vislumbrar todo cuanto no había resuelto en su propia persona y cómo había descargado en su hija sus frustraciones, se dio cuenta de que tendría que trabajar mucho consigo misma pero, sobre todo, de lo mucho que tendría que hacerlo para lograr restablecer la autoestima de su hija, para lo cual, por principio, sostuvo con ella un diálogo con las siguientes consecuencias:

• Comienza un diálogo con su hija con un tono amoroso al decirle: "A ver mi vida, ven, vamos a hablar". Cuando se le quiere llamar la atención a un hijo o simplemente se le quiere decir cualquier cosa, la única forma para que ellos escuchen es que sientan que lo que se les dice es porque los amamos y deseamos su bien, por eso fue apropiado como esa mamá lo hizo.

• La hija, acostumbrada a que su mamá sólo le hable para criticarla, se pone a la defensiva, pero ella no se deja enganchar por el tono de enojo de su hija e insiste con sus palabras amorosas. Muchas veces, cuando ya hay una mala relación entre padres e hijos y un día uno de ellos decide hablarle a un hijo de "buena forma", el aludido contesta enojado y puede lograr que el de la iniciativa se enganche con el enojo, contestándole de la misma forma por lo que no termina la "mala relación". Para lograr cambiar una relación donde ya no hay respeto, es importante mantenerse en la mesura y consideración hacia la otra persona en todo momento.

• La madre se disculpa con la hija. Así como es importante hablar en tono amoroso, también es importante pedir disculpas a los hijos cuando nos damos cuenta que los hemos lastimando constantemente con alguna actitud nuestra. Cuando se piden disculpas no se vale decirle a los hijos frases como: "tú también tienes malas maneras conmigo", "es que tú también tienes muy mal carácter", o algo semejante porque entonces la disculpa se convierte en una recriminación y pierde su objeto y el valor emocional que conlleva; no obstante, y con el fin de que comprendan nuestra naturaleza humana, sí les podemos decir cosas como: "Sé que tú y yo chocamos y que me desespero muy rápido contigo, porque tenemos el carácter muy parecido, pero ya que ese problema es mío, te prometo poner todo de mi parte para ya no desesperarme y tratarte mejor".

Cuando las disculpas son honestas, los hijos lo perciben y eso hace que sientan que si los hemos lastimado, no es porque no los amemos sino porque nosotros también tenemos defectos y asuntos internos que resolver. Cuando nos disculpemos con los hijos, es importante buscar que la disculpa contenga los siguientes puntos:

° Tono honesto y amoroso, sin hacerse la víctima uno mismo.

° La acción por la cual se pide la disculpa debe tener, por ejemplo, el siguiente tono: "discúlpame por haberte gritado", "discúlpame por no tenerte paciencia", "discúlpame por haberte criticado en forma continua", "discúlpame por haberte tratado con humillaciones".

° Reconocimiento del daño causado, siguiendo la estructura de los ejemplos anteriores: "sé que mis gritos te dolieron y te pusieron triste", "ya que lo único que logré fue ponerte nerviosa", "pues con ello hice que perdieras autoestima y confianza en ti misma".

° Explicar por qué se actuaba de esa manera siguiendo la estructura de los ejemplos anteriores: "es que venía de malas", "sé que soy una persona muy impaciente", "tenía celos porque a mí no me trataron así", "no hay razón para tratarte de esa forma, a veces mi enojo me hace tratarte mal".

° Expresar nuestro propósito de enmienda, siguiendo otra vez la estructura de los ejemplos que hemos escrito hasta aquí: "pero eso no me da derecho a gritarte por lo cual prometo tratar de controlar mi enojo", "pero eso no me da derecho a desesperarme contigo por lo cual te prometo luchar por ser una persona más paciente", "pero eso no me da derecho a desquitarme contigo, al contrario, debería alegrarme por ti, por lo que te prometo luchar por cambiar mis emociones negativas por positivas para que no vuelva a suceder", "pero eso no me da derecho a tratarte mal; te prometo controlarme y tratarte siempre como te mereces, con respeto y dignidad".

° Frases afirmativas que sean el comienzo para reparar el daño causado: "espero que me disculpes y que ya no estés triste", "por lo pronto, si me impaciento, no me hagas caso, tómate tu tiempo, tranquilízate, que yo voy a esperar el tiempo que necesites", "tú vales mucho, mis críticas no son reales, eres mucho mejor persona de lo que crees y puedes lograr muchas más cosas que las que crees", "no permitas que ni yo ni nadie más te tratemos con humillaciones porque eres una persona valiosa, que no merece ningún maltrato".

En resumen, nuestros ejemplos terminados quedarían así:

* Discúlpame por haber vociferado, sé que eso te dolió y te puso triste; es que venía de malas pero eso no me da derecho a gritarte por lo que prometo tratar de controlar mi enojo; espero que me disculpes y que ya no estés triste.

* Discúlpame por no tenerte paciencia ya que lo único que logré fue ponerte nervioso; sé que soy una persona muy impaciente, pero eso no me da derecho a desesperarme contigo por lo que te prometo luchar por ser una persona más tranquila; por lo pronto, si me impaciento, no me hagas caso, tómate tu tiempo, relájate, que yo me voy a esperar el tiempo que necesites.

* Discúlpame por haberte criticado constantemente, pues con ello hice que perdieras autoestima y confianza en ti misma; tenía celos porque a mí no me trataron así, pero eso no me da derecho a desquitarme contigo, al contrario, debería alegrarme por ti, por lo que te prometo luchar por cambiar mis emociones negativas por positivas para que no vuelva a suceder; tú vales mucho, mis críticas no tienen fundamento, eres mucho mejor persona de lo que crees y puedes lograr muchas más cosas que las que piensas.

* Discúlpame por haberte tratado con humillaciones, ya que con ello sólo logré que perdieras autoestima y confianza en ti misma, no hay razón para tratarte de esa for-

ma, pero a veces mi enojo me induce a tratarte mal sin ningún derecho; te prometo controlarme y tratarte siempre como te mereces, con respeto y dignidad, no permitas que ni yo ni nadie más te tratemos con humillaciones porque eres una persona valiosa, y no mereces que nadie te maltrate.

• La madre busca comenzar a reparar el daño causado usando frases afirmativas. Es importante saber que porque lo hagamos una vez, el daño va a quedar en ese momento reparado; restablecer la autoestima y la confianza en una persona toma mucho tiempo, pero con paciencia y perseverancia, podemos lograrlo.

• La madre busca restablecer la autoestima de su hija explicándole con lógica y humanismo, cómo funcionan las relaciones humanas en las que están implícitas las emociones, haciéndole ver que si ella no le cae bien a todo mundo no es porque ella esté mal sino porque así funcionan las relaciones y las personas. Cuando queremos que nuestros hijos restablezcan su confianza y estimación en alguna determinada acción o característica personal, es importante darles razones válidas y reales que les ayuden a cambiar su percepción de los hechos y de ellos mismos. Cuando los padres no son capaces de darles estas razones a los hijos, éstos terminan creyendo que sólo se las decimos por lástima y en lugar de ayudarlos, terminamos haciendo que se sientan peor; por ello es importante que todo cuanto les digamos a nuestros hijos con el fin de ayudarlos a restablecer su personalidad sin mutilaciones, sea porque nosotros mismos así lo creemos, de lo contrario es mejor mantener la boca cerrada.

• La madre comienza a introyectar valores en su hija, al hacerle ver lo mucho que va a ganar y lo bien que se va a sentir procediendo de determinada forma, y cuando le dice lo halagada que una mujer se siente cuando los muchachos son quienes la invitan a salir. La mejor forma de introyectar un valor en nuestros hijos es haciéndoles ver que con ello se van a sentir mejor, que las emociones que experimentarán como la alegría, la ilusión, el orgullo, la confianza y otras más, son las que prevalecerán en su ser y eso causará que vivan con mayor dicha y felicidad.

• La madre hace un compromiso con la hija para acompañarse para que ésta logre restablecer su autoestima. Como mencioné anteriormente, una plática nunca será suficiente, es sólo el comienzo del cambio. Para lograr éste, se requiere de mucho tiempo, paciencia, dedicación y amor. Es importante que los hijos sientan que no sólo fue una plática accidental porque su mamá salió muy prendida después de haber leído un libro. Es importante que sepan que las palabras, las disculpas y las promesas son reales, y el cambio duradero; entonces trasciende que los hijos sientan que estaremos con ellos, acompañándolos durante el cambio de la relación.

Segunda parte: Límites de convicción

Como mencioné en la introducción, los límites de convicción se relacionan con las ideas, pensamientos, valores, emociones y convicciones que transmitimos e inculcamos a nuestros hijos, mientras que los límites de acción tienen que ver con los que imponemos a sus acciones, lo que permitimos y no permitimos; cuándo, cómo y por qué decirles "sí" y cuándo, cómo y por qué decirles "no".

Desde un punto de vista simplista, podemos decir que los límites de acción corresponden a todos los "no" que marcamos a nuestros hijos, mientras que los límites de convicción son todos los "sí" con los que deseamos que vivan, esto es, son todas las razones que les damos por medio de las ideas, convicciones y manejo de las emociones para que nuestros hijos crezcan con los valores que les deseamos inculcar. Para que los niños estén motivados y así realicen una acción, deben estar convencidos de ello, por eso son importantes los límites de convicción. Visto de otra forma, en los límites de acción uno indica a los hijos todas las "reglas del juego" y las consecuencias de no cumplirlas; sin embargo, si no van acompañados de los límites de convicción, nunca sabremos si nuestros hijos cumplen con "las reglas del juego" únicamente por no sufrir las consecuencias o porque están convencidos de que ése es el camino a seguir.

Es común que los padres al educar a los hijos, únicamente enfoquen los límites de acción: "no hagas esto", "tienes que recoger tu cuarto", "no puedes salir", "necesitas mejorar tus calificaciones", etcétera, pero no les explican su

186

importancia, o por qué desean que hagan o dejen de hacer tal cosa. En realidad, casi no lo hacen, de ahí que los hijos sientan que lo único que buscan sus padres es molestarlos cuando les ponen reglas o les aplican una consecuencia por el incumplimiento de alguna de ellas y, como consecuencia de ello, los hijos busquen hacer justo aquello a lo que se les dice "no".

¿Por qué es común que los hijos busquen hacer justo lo contrario a lo que se les pide? Porque tú mismo los estás condicionando a ello, cuando no aplicas los límites de convicción. Para que puedas visualizar esta afirmación, veamos el siguiente ejemplo: supongamos que yo te pido que no pienses en un elefante rosa con puntos amarillos, es obvio que lo que vas a hacer en ese momento es pensar en un elefante rosa con puntos amarillos. Ahora si yo te repito lo mismo todos los días, lo que estoy haciendo es condicionándote a pensar todos los días en un elefante rosa con puntos amarillos, aunque lo que te haya pedido fuera justamente lo contrario. Ahora si lo que yo quiero es que no pienses en un elefante rosa con puntos amarillos pero que sí pienses en un delfín gris saltando en el agua, y para ello el primer día te pido que no pienses en un elefante rosa con puntos amarillos sino en un delfín gris saltando en el agua, y los días subsecuentes te repito que pienses en un delfín gris saltando en el agua, sin pedirte que no pienses en el elefante rosa, entonces, lo que estoy haciendo es condicionándote a pensar en el delfín gris saltando en el agua.

Análogamente funcionan los límites de convicción. Si yo le digo a mi hijo todos los días que no deje la ropa tirada en el piso, en realidad lo estoy condicionando a que deje la ropa tirada todos los días en el piso, pero si un día le digo que no deje la ropa tirada en el piso y luego le hablo sobre lo bien que uno se siente de tener todas sus cosas ordenadas y de los beneficios que aporta en nuestra vida el valor del orden, y posteriormente le sigo hablando de forma constante sobre lo bien que uno se siente de tener todas nuestras cosas ordenadas, entonces lo estaré acondicionando para que se sienta bien por tener sus cosas en orden, y adquirirá el valor del orden, lo que significará que ya no deje su ropa tirada.

Si queremos que nuestros hijos crezcan con sentimientos positivos hacia ellos mismos y hacia los demás, entonces debemos buscar inculcarles, desde pequeños, esos sentimientos; si queremos que crezcan con valores debemos inculcarles los valores; si queremos que crezcan con conciencia social y preocupación por su entorno, entonces debemos inculcarles la conciencia social y la preocupación por su entorno; y nunca conformarnos o creer que es suficiente con decirles "esto no se hace".

Veamos algunos de los ejemplos típicos en lo que caen muchos padres:

• Los padres les dicen a sus hijos que no mientan, que no se debe mentir y los regañan por mentir, pero no les hablan de lo importante que es el valor de la palabra, de cómo debemos cuidar todo lo que dice nuestra boca porque con ello podríamos dañar las emociones o reputación de otra persona; de cómo el valor intrínseco de una persona tiene que ver con cumplir lo que dice, de lo orgulloso que uno se puede sentir al hablar siempre con la verdad y de cómo la valentía se expresa cuando uno está dispuesto a afrontar las consecuencias de nuestros actos, en lugar de esconderlos tras la mentira; de lo valioso que uno se puede sentir al ser capaz de mirarse al espejo o de mirar a los ojos de cualquier persona, con la cabeza en alto, pues no hay nada que ocultar. Hablarles a los hijos de esta forma, es enseñarles a sentirse orgullosos de sí mismos de hablar siempre con la verdad y un hijo que logre asimilar este sentimiento, será una persona que no mienta jamás.

• Los padres, al llegar sus hijos a determinada edad, se quejan de que son agresivos con ellos o con los demás pero cuando éstos eran pequeños y llegaban a la casa quejándose de que otro niño les había pegado, lo primero que esos padres les decían a sus hijos, eran frases como: "no te dejes" o "si te pega, regrésale el golpe", logrando con ello que sus hijos se convirtieran en personas agresivas y que contestaran cualquier agresión con agresión, aunque en otras ocasiones se hayan molestado con ellos por haberle pegado al hermano, al primo o a otra persona, diciéndoles frases como: "¿por qué le pegaste a tu hermano?", "eso no se hace", "¿quieres que yo te pegue también a ti?" Este comportamiento inconsistente en los padres causa confusión en los hijos logrando con ello que los hijos respondan todavía con más agresión.

Si deseamos que nuestros hijos no sean personas agresivas, debemos inculcarles el valor opuesto a la agresión, que es la bondad, con frases como: "yo sé que ese compañero te ha pegado mucho, ya hablé con la maestra y me dijo que desafortunadamente es un niño que tiene mucho enojo y por eso le pega a todos los demás. Pobrecito niño, no sabemos por qué está tan enojado pero a lo mejor tú lo puedes ayudar. ¿Qué te parece si la próxima vez que te pegue le dices que no te gusta que te pegue pero que deseas ser su amigo, y le regalas esta paleta?; estoy segura que el niño se va a poner tan feliz porque no tiene amigos que te va a dejar de pegar". A este respecto quisiera comentarles que mi hija pasó por una situación similar cuando estaba en preprimaria, constantemente llegaba mordida o golpeada por otra niña. Las maestras me informaron la situación familiar de la niña lo cual me llevó a comprender su enojo. Expliqué a mi hija que esa niña en particular requería de mucho amor y que ella se lo podía dar, y le pedí que la próxima vez que le pegara le dijera que por favor ya no lo hiciera más, le pidiera ser su amiga y le regalara una bolsa de dulces. Mi hija así lo hizo y desde ese día no sólo le dejó de pegar sino que se mostró tan agradecida que constantemente se regalaban cosas entre las dos.

• Los padres se enojan con los hijos por ser desconsiderados pero nunca les hablan de las emociones de los demás, sólo les enseñan considerar las suyas propias. No les hablan que el mismo dolor o enojo que sienten cuando alguien se burla de ellos, es el mismo dolor o enojo que sienten los demás cuando son ellos quienes se burlan; no les hablan del derecho que todos tenemos a ser tratados con respeto y que así como a ellos les gusta ser tratados con respeto, ellos deberán tratar a los demás de la misma forma; no les hablan del dolor ajeno y de lo afortunados que ellos son por haber nacido en el seno de una familia donde no tienen que pasar por ese dolor o ese pesar; no les hablan de la dicha que se siente cuando se guardan sentimientos positivos en lugar de cargar con sentimientos negativos; no les hablan que en la medida que muestren amor hacia los demás los demás mostrarán amor hacia ellos y, por último, no les hablan que no hay un sentimiento que proporcione más felicidad que el sentirse amado por los demás; pero eso, deberán ganárselo ellos mismos por medio de sus acciones.

• Los padres se esfuerzan por enseñarles a sus hijos buenos modales; cuando éstos no los muestran frente a ellos, inmediatamente los corrigen con frases como: "se dice por favor", "se dice gracias", "¿cómo se piden las cosas?", etcétera, pero no se esfuerzan en explicarles a sus hijos la razón por la cual es importante conducirse con buenos modales, no les explican que decir "gracias" tiene que ver con un sentimiento de agradecimiento por lo que la otra persona está haciendo por nosotros; que el "por favor" va ligado a un sentimiento de humildad, porque nadie tiene la obligación de hacer nada por nosotros y por último, no les dicen que, aunque la otra persona nos esté dando algo porque ése sea su trabajo o porque nosotros estemos pagando por él, tanto el "gracias" como el "por favor" son palabras que se utilizan para hacer sentir bien a la otra persona y que nosotros, con nuestra actitud, tenemos la capacidad y el poder de hacer sentir bien a los demás, lo cual es algo maravilloso. Más adelante abundaré sobre el tema de hacer sentir bien a los demás.

• Los padres se esfuerzan para que sus hijos se conduzcan sin enojo con ellos, pero los alientan con frases y actitudes alternas. Es común escuchar en los padres frases como: "a mí no me hablas de esa forma", "a mí no me gritas", "no me alces la voz", "conmigo no utilizas ese vocabulario", "así no se habla", "no se azota la puerta", pero no les hablan de lo bien que uno se siente cuando se vive con alegría en el corazón. No les hacen ver que no ganan nada con enojarse pero que si pierden mucho ya que en ese momento son infelices y que ellos son los únicos que pierden ya que nadie más pierde con su infelicidad.

• Los padres se quejan del egoísmo y materialismo con el que sus hijos están creciendo, achacando este hecho al entorno y a la sociedad pero no enseñan a sus hijos lo maravilloso que se puede uno sentir cuando comparte lo que se tiene, cuando se ayuda al necesitado, cuando se piensa en los demás. No les hablan sobre lo afortunados que ellos son de tener todo lo que tienen y no les enseñan el valor de retribuir a la vida, dando a los demás, por todo cuanto ésta les ha dado. Los padres, cuando los hijos quieren más, automáticamente buscan la manera para complacerlos o, a lo mucho, les dicen que no se lo pueden comprar pero no les hablan del valor de la sobriedad, el cual va aunado al valor del agradecimiento a la vida por todo lo que se tiene. Una forma de inculcar este valor en los hijos es que cuando tu hijo te pida más y no entienda razones, le quites, por un tiempo, lo que ya tiene para enseñarle a apreciar y a valorar todo cuanto posee.

Como en los ejemplos, la mejor forma de inculcar los límites de convicción en los hijos, es haciéndoles ver lo que van a ganar emocionalmente y en satisfacción personal. Hay que hacerles ver lo maravilloso que se siente cuando se logra algo después de haber practicado el valor del esfuerzo; lo maravilloso y orgulloso que uno se siente por tener la valentía de decir la verdad; lo alegre que se vive cuando se combate el enojo, la ira y la agresividad; lo gratificante que es sentir el amor y el agradecimiento de los demás porque aprendieron a dar y compartir; la fortaleza interior con la que se camina por el mundo por saberse una persona que no es esclava de ninguna cosa o de alguna emoción en particular.

La mejor forma de aplicar los límites de convicción es platicando con nuestros hijos, a la hora de la comida, en la cena, en el carro, en todos lados, siempre y cuando no se haya tenido ninguna discusión previa o que alguno de los integrantes de la plática esté enojado.

A continuación menciono algunas formas de enseñar los límites de convicción en los hijos, de acuerdo a sus diferentes edades, dividiéndolos por etapas, y cómo ganan importancia en la medida que los hijos crecen.

Límites de 0 a 3 años de edad, primera etapa de vida

En esta etapa de vida de los niños, los límites de convicción no son tan importantes como los de acción ya que no entienden de razones y en cuanto a las emociones, sólo las experimentan. Por lo tanto, sabiendo que estos límites se inculcan a nivel emocional, nuestro objetivo en esta etapa de vida, será despertar aquellas emociones que deseamos que nuestros hijos experimenten por medio de las sensaciones.

En los primeros ocho meses de vida, es importante que los niños oigan risas, palabras dulces y tiernas y que sientan el contacto amoroso; que las rutinas que establezcas con ellos, bañarlos y darles de comer, vayan acompañadas de caricias, sonrisas, cantos y palabras dulces.

A partir de que comienza a gatear, que es la edad en que empieza la disciplina con la palabra "no", es cuando podemos empezar a hacerlos conscientes de las emociones que pueden experimentar. En referencia a las que van acompañadas al "no", expongo los siguientes ejemplos:

- No, porque está caliente y te quemas y te duele.
- No, porque se puede romper y te cortas y te duele.
- No, porque si le pegas le duele.
- No, porque te puedes caer y si te caes te duele.
- No, porque no es tuyo y si se lo quitas, él/ella se pone triste.
- No se lastima al animalito porque le duele.
- No, porque mamá se enoja.

Asimismo, para inculcar emociones positivas, que es el objetivo primario de esta etapa de vida, podemos acudir a frases como:

• Cariñito a mamá/papá.
• Mira, el bebé está llorando, dale besito para que ya no llore.
• Pobre perrito, tiene su pata lastimada, hazle un cariñito.
• Ese niño no tiene ningún juguete, regálale uno tuyo para que se ponga contento. Eres un niño muy bueno porque compartes tus juguetes.
• Ayuda a abuelita a cargar la bolsa. Eres un niño muy bueno porque ayudaste a tu abuelita.
• Juega con ese niño para que no se ponga triste.
• Regálale un dibujo a tus abuelitos para que se pongan contentos.
• Dale un besito a tu tía por haberte comprado el helado y dile gracias.
• Tu primito se cayó y se lastimó, hazle cariñito para que ya no le duela.

También son importantes las frases de reconocimiento:

• ¡Bravo!, ya diste tres pasos completos.
• Te pusiste los zapatos tú solo, te felicito mi amor.
• Qué bonito dibujo y tú lo hiciste solito.
• Te comiste toda la comida, vas a crecer fuerte y sano.
• Obedeciste a mamá, estoy orgullosa de ti.
• Recogiste todos tus juguetes, eres un niño muy ordenado, te felicito.

Como podemos observar, en el primer grupo de ejemplos, el de los "no", nuestros hijos aprenden lo que son las sensaciones que lastiman, esto es, si el niño toca la plancha y se quema, habrá experimentado una consecuencia natural —que le causó dolor— de una acción de la que los padres le advirtieron que no lo hiciera, esto ayudará al niño a confiar en los padres cuando éstos le digan "no" y de ahí el convencimiento de escuchar a sus padres.

En el segundo grupo de ejemplos, se inculcan emociones que, a medida que los niños crecen, constituirán la base para que adquieran valores como la generosidad, la empatía, la compasión, el agradecimiento, la obediencia y otros. Es importante que determines los valores que deseas inculcar en tus hijos ya que, como te darás cuenta, puedes empezar a despertar emociones desde esta edad; procura que vayan enfocadas a la adquisición de dichos valores. Te recomiendo que leas mi libro *Pequeños emocionalmente grandes*, ya que en sus páginas expongo ampliamente cómo, cuándo y por qué inculcar los valores.

El tercer grupo de ejemplos, los de reconocimiento, sirven para que nuestros hijos crezcan con autoestima, para que se sientan orgullosos de sus logros y de su esfuerzo y para que aprendan a sentir la gratificación interna en su camino al vivir con valores.

La mejor forma para que nuestros hijos adquieran un valor, es logrando que ellos sientan que el ejercer dicho valor tiene como recompensa el experimentar una emoción positiva; este hecho se da durante todo el desarrollo de su vida.

Límites de 3 a 6 años de edad, segunda etapa de vida; límites de 6 a 9 años de edad, tercera etapa de vida

Estas dos etapas de vida las voy a explicar al mismo tiempo ya que tienen la misma finalidad e incluso se trabajan de la misma forma. La diferencia entre una y otra, entre cada año de edad, estriba en el lenguaje que utilizamos con nuestros hijos. Entre más chicos son, el lenguaje empleado deberá ser más sencillo y se podrá modificar a medida que los niños crecen. Cada ejemplo que pongo, se podrá trabajar en todos los años de las dos etapas de la misma forma en que éste aparece, adecuando sólo el lenguaje que se utiliza.

En estas etapas de vida, los niños entienden las razones que se les dan con base en las emociones que experimentan, de ahí la importancia de desarrollar en nuestros hijos emociones como la confianza, la ternura, el amor, la compasión, la alegría, el orgullo, la satisfacción, tolerancia a la frustración, y todas aquellas que los lleven a la autovalorización y alcanzar la dicha interior.

Como en la primera etapa, es importante en éstas trabajar los tres grupos de emociones, esto es, los que van acompañados de la palabra "no", los que sirven para inculcar emociones positivas y los de reconocimiento. Puesto que en esta edad los niños tienen un mejor entendimiento de las cosas, recomiendo que se trabajen de la siguiente forma:

1. Los que van acompañados del "no". Al respecto aconsejo a los padres hablar siempre con la verdad, ya que en

esta etapa de vida, con el fin de tranquilizar a sus hijos, los padres tienden a mentirles al darles razones, sin darse cuenta que con ello sólo causan confusión y pérdida de confianza en los niños. Entre los casos más comunes que he observado se encuentran los siguientes:

• Cuando los papás van a dejar en algún lugar a su hijo, ya sea la casa de la abuela o de la tía, la escuela, etcétera, y el niño no se quiere quedar, los papás, buscando tranquilizarlo, le dicen al niño cosas como: "en media hora regreso por ti", "sólo voy a la tienda y regreso", "después de que tú entres, entro yo", cuando en realidad los padres van a dejarlo mucho más tiempo.

• Cuando los papás van de compras con el hijo y éste se aferra a que le compren algo en particular y que los papás no tienen intenciones de comprar, éstos, buscando tranquilizarlo, le dicen cosas como: "ya se me acabó el dinero", "la próxima vez que salgamos te lo compro", "no me alcanza el dinero, mira, ve mi cartera, ya viste, no me alcanza".

• Cuando los padres salen con su hijo y éste comienza a hacer berrinche, los padres, buscando tranquilizarlo, le dicen cosas como: "si sigues haciendo berrinche, el señor que está enfrente te va a venir a regañar", "a los niños que hacen berrinche se los lleva el diablo", "si sigues haciendo berrinche, va a venir la policía y te va a llevar a la cárcel".

• Cuando los padres quieren que el niño haga algo y el niño desea hacer otra cosa, los padres suelen decirle cosas como: "mira, si haces esto que yo te pido, después tú podrás hacer…", aunque no tengan intenciones de permitir que su hijo haga lo que desea.

Con estas actitudes, cuando los padres tienen como objetivo tranquilizar a su hijo, no se dan cuenta que tal vez logren tranquilizarlo de momento pero que a la larga el niño se dará cuenta que es engañado y con ello estará perdiendo toda oportunidad de adquirir confianza en sí mismo y en los demás.

Los "no" deben acompañarse de razones reales, verídicas y que transmitan el valor que deseamos inculcar, por ejemplo:

• Te vas a quedar con la abuela por cuatro horas, no me puedes acompañar porque voy a ir a trabajar, pero a las 7 en punto te recojo para que nos vayamos a la casa.

• Vamos a salir de compras y te voy a comprar un helado, no me pidas nada más porque desde ahorita te digo que no te voy a comprar otra cosa. ¿Quedó claro?

• No te voy a comprar ese dulce/refresco porque ya te compré un helado y no te voy a comprar nada más, no insistas porque ya dije no y si sigues insistiendo, la próxima vez que salgamos no te compro nada.

• Será mejor que dejes de hacer berrinche porque las demás personas que nos rodean no tienen porqué aguantar tus lloriqueos.

• Si sigues haciendo berrinche en este momento nos vamos a la casa y la próxima vez que salga, no te vuelvo a traer conmigo ya que no te sabes comportar.

• No puedes hacer eso que tú quieres porque…, vas a hacer esto que te digo porque soy tu padre/madre y así lo ordeno yo.

• No puedes coger eso porque no es tuyo y así como a ti no te gusta que te cojan tus cosas porque te enojas, las demás personas también se enojan si les coges sus cosas.

• Vas a ir a la escuela aunque no quieras, porque a la escuela se va para aprender y es muy bonito aprender cosas nuevas.

2. Para inculcar valores y emociones positivas, podemos acudir a ideas y convicciones como:

• ¿Tú sabes por qué trabaja mamá? Bueno, primero que nada, mamá trabaja porque está contribuyendo en el mundo a hacer cosas buenas. Por ejemplo, la casa donde vivimos, el carro que tenemos, la comida que comemos, la ropa que te pones, los libros, las calles, tu escuela, todo fue hecho por alguien. Cada persona tiene un trabajo diferente con el cual contribuye para que todos vivamos mejor. ¿Te imaginas si nadie quisiera trabajar cómo sería el mundo? No habría comida, ni ropa, ni casas, ni nada, nos moriríamos de hambre y de frío. Mi trabajo es importante porque lo que yo hago es... ¿Te fijas qué importante es el trabajo de mamá? Además, con mi trabajo gano dinero y con ese dinero es que compro la comida, pago tu escuela, la ropa, los viajes y todo lo que hacemos. Por eso, cuando mamá va a trabajar, tú te quedas con la abuela, para que ella te cuide. ¿Te gustaría ayudar a mamá en su trabajo? Tú me ayudarías mucho si yo sé que cuando me voy a trabajar, te quedas contenta. Qué me dices, ¿crees que puedas ayudar a mamá?

Este tipo de plática hace que los hijos se sientan orgullosos del trabajo que desempeñan sus padres, además del sentimiento de orgullo personal al saber que contribuyen al ayudarlos.

• ¿Tú sabes por qué vas a la escuela? Bueno, primero que nada, vas para aprender. ¿Recuerdas cuando te dije que las personas trabajan porque están contribuyendo en el mundo para hacer cosas buenas, y que cada persona tiene un trabajo diferente? Bueno, en la vida hay muchos tipos de profesiones y trabajos: doctores, maestros, constructores de casas, personas que hacen ropa, otras que hacen muebles, campesinos y muchos más. Cuando tú vas a la escuela, poco a poco vas aprendiendo cosas de todo el mundo para que cuando acabes la preparatoria, veas que es lo qué más te gusta hacer y estudies algo relacionado con ello, y después puedas trabajar en eso mismo. Cuando una persona trabaja en cosas que le gustan y lo sabe hacer porque estudió para ello, es muy feliz y se siente muy orgulloso de lo que hace.

Este tipo de plática hace que los hijos encuentren un motivo de orgullo para ir a la escuela.

• ¿Tú sabes por qué mamá no te compra todo lo que le pides? Bueno, en primer lugar, porque si tú tuvieras todo lo que deseas en el momento que lo deseas, no sabrías lo que es la ilusión de esperar por algo. ¿Recuerdas cómo todos los años estás ilusionado pensando en tu próximo cumpleaños y cómo lo quieres festejar? Imagina que todos los días fueran tu cumpleaños, entonces perderías la ilusión de esperar por ese día y perderías ese motivo de alegría. De la misma forma, ¿recuerdas cómo todos los años estás ilusionado con la venida de Santa Claus y los Reyes Magos porque sabes que te van a traer juguetes?, ahora, si yo te comprara todos los juguetes que quieres, entonces ya no sería una ilusión para ti esperar a Santa o a los Reyes Magos, pues tú ya tendrías todos los juguetes que ellos te podrían traer y ya no tendrías ese motivo de ilusión. La ilusión es una de las emociones más bonitas que podemos sentir. Otra razón muy importante por la cual mamá y papá no te compran todo lo que pides, es porque en realidad no necesitamos todo lo que deseamos. Es importante aprender a vivir sólo con lo que se necesita, ya que hay mucha gente en el mundo que no tiene nada para comer o para vestir, o no tiene casa y nosotros los podemos ayudar con lo que no utilizamos, pero para lograr eso, primero hay que aprender a vivir sólo con lo que se necesita.

Hablarles así a nuestros hijos implica comenzarles a inculcar la empatía, la compasión, la generosidad y la conciencia social. Es educarles fuera del egoísmo y del materialismo del cual la mayoría de los padres se queja pero no hace nada por cambiarlo.

• ¿Tú sabes por qué haces berrinche? Porque tú crees que haciendo berrinche mamá y papá van a hacer lo que tú quieras, pero dime, ¿cuando haces berrinches logras que mamá y papá hagan lo que tú quieres? No, verdad. Entonces, ¿tú crees que ganas algo haciendo berrinches? ¿Qué sucede cuando haces berrinche? Mamá y papá se enojan contigo, ¿cierto? Entonces, ¿vale la pena o no hacer berrinches? ¿Cómo crees que ganas más, haciendo berrinche o no haciendo berrinche? Bueno, es importante que sepas que cada vez que hagas berrinche mamá y papá no te van a hacer caso, de hecho, vamos a estar enojados contigo hasta que dejes de hacer berrinche, por eso, ponte a pensar si vale la pena o no que hagas berrinche para que ya dejes de hacerlos. ¿De acuerdo?

Hablarles así a nuestros hijos, les ayuda a tomar conciencia de que toda acción tiene una consecuencia. Si ellos entienden con toda claridad que con hacer berrinches no ganan nada, entonces les estaremos enseñando a hacerse conscientes de todas sus acciones futuras y a medir las consecuencias de las mismas. De la misma forma, estarán aprendiendo a medir y controlar sus impulsos.

• ¿Tú sabes por qué mamá muchas veces te dice "no" a cosas que tú quieres hacer, y te pide que hagas otras que tú no quieres hacer? Porque mamá es un adulto que ya dejó de ser niño, que ya vivió y aprendió lo que se debe hacer para tener una buena educación. Cuando yo era niña, yo no sabía muchas cosas, pero mi mamá me enseñó como ahora yo te enseño a ti. Cuando te digo "no" es por alguna razón importante: porque es peligroso, porque te puede hacer daño, porque puedes lastimarte o lastimar a alguien más, porque molestas a alguien o simplemente porque no va acorde con los valores que te quiero transmitir. Sé que a veces te molesta que te diga "no" pero soy tu mamá, te quiero y tú deberás confiar que todo lo que hago es para protegerte y para darte una buena educación. De la misma forma, cuando te pido que hagas algo que no quieres hacer como por ejemplo recoger tus juguetes, es porque te estoy enseñando algún valor, en este caso el de ser ordenada. Todos los valores que adquirimos nos ayudan a tener una mejor vida, a relacionarnos mejor con los demás, y a ser más felices cuando somos adultos.

Hablarles así a nuestros hijos, les ayuda a tener confianza en sus padres y entender el sentido de la palabra "educación".

• ¿Tú crees que está bien que le pegues a otros niños? ¿Qué pasa cuando les pegas a otros niños? Los otros niños se enojan y ya no quieren jugar contigo. Ve lo que a ti te ocurre: ¿cuando alguien te pega, tú ya no quieres seguir jugando con ese niño, verdad? De la misma forma, si tú le pegas o molestas a un niño, él ya no va a querer jugar contigo; y si le pegas o molestas a otro niño, tampoco éste va a querer jugar contigo. ¿Te gusta que los otros niños jueguen contigo? Dime, ¿prefieres que cuando tú entres a algún lugar donde haya otros niños digan: "¡Hurra, ya llegó!", o que digan: "¡Ay no!, qué mala suerte, ya llegó"? Dime, ¿qué prefieres? Que digan ¡hurra!, ¿verdad? Bueno, para que los demás digan ¡hurra!, tú deberás ganártelo, es decir, debes portarte bien con esos niños. La vida es muy sencilla: si tú tratas bien a los demás, los demás te van a querer y serán tus amigos, si tú tratas mal a los demás, éstos no te van a querer ni querrán ser tus amigos, porque la amistad y el amor se ganan con nuestras acciones. ¿Entiendes? Ahora dime: ¿vale la pena pegarle a los otros niños?, ¿vale la pena pelearse?

Hablarles así a nuestros hijos, les ayuda, nuevamente, a saber que toda acción tiene consecuencias y que si desean vivir con consecuencias positivas en su vida, es importante que sus acciones sean también positivas .

Con relación a este punto, el de inculcar valores y emociones positivas en nuestros hijos, quisiera hacer notar que muchas veces los padres, guiados por alguna emoción negativa o algo que ellos consideran que es justo, les piden a sus hijos que realicen o dejen de realizar determinada acción, explicándoles todas las circunstancias que para ellos rodea a ese caso especial y apelando a la comprensión de sus hijos. Los padres deben de saber que los niños, menores a los 9 años de edad, no tienen la capacidad de comprender, esto es, por más que los padres se esfuercen en tratar de dar explicaciones a los hijos de por qué en esa circunstancia se actúa de forma contraria a lo enseñado, el niño no lo puede entender ni comprender pues su psique no está aún desarrollada para tal efecto. Cuando los padres proceden de esta forma en estas etapas de vida, lo único que generan en sus hijos es confusión, falta de confianza y que no asimilen los valores inculcados. Por ello les digo a los padres que no esperen que sus hijos los comprendan, los niños no están para comprender la psique de los padres, no pueden ni tienen por qué hacerlo.

3. Para dar reconocimiento, podemos utilizar este tipo de frases:

• Estoy muy contenta de que hayas compartido tus dulces de la piñata con los niños pobres, eres un niño generoso y eso me da alegría.

• Estoy muy orgullosa de ti porque has controlado tus impulsos y no le hayas pegado al otro niño. ¿Verdad que tú también te sientes orgulloso de ti mismo?

• Me siento muy satisfecha de ver cómo cada día eres más ordenada. ¿Tú también te sientes igual? ¿Verdad que se siente increíble?

• Estoy muy orgullosa de que hables con la verdad, aun sabiendo que te iba a castigar, eso me dice que eres un niño honesto y valiente, y debes sentirte orgulloso tú también.

• Estoy muy contenta de que te hayas terminado toda tu ensalada. Si sigues comiendo bien vas a crecer y serás un niño sano y fuerte. ¡Qué emoción! Vas a ser un niño fuerte.

• Estoy muy orgullosa de ver que cada día controlas más tu enojo. ¿Verdad que nada se gana con enojarse? ¿Verdad que se vive más feliz cuando uno no se enoja? No sabes lo orgullosa que estoy de que por fin te hayas dado cuenta.

• ¡Bravo, mi vida! ¿Verdad que el esfuerzo valió la pena? ¿No te sientes así como muy satisfecho?

• Estoy orgullosa de que ya hayas entendido el valor del respeto y de ver cómo respetas a las demás personas, eso te va a traer muchas satisfacciones en tu vida.

Límites de 9 a 12 años de edad, cuarta etapa de vida

A partir de esta etapa de vida, los niños ya son capaces, por conciencia propia, de discernir entre el bien y el mal y de entender razones con base en su propio concepto de lo que está bien y de lo que está mal, independientemente de lo que sientan al respecto. Asimismo, antes de los 9 años de edad, los niños perciben que el esfuerzo es un factor de realización y consideran la capacidad como algo innato; sin embargo, a partir de esta etapa de vida, los niños son conscientes de que una persona con menos capacidad puede compensar esta circunstancia con mayor esfuerzo, y una con mayor capacidad realiza menos esfuerzo. Por tal motivo, es importante enfocar los límites de convicción hacia el logro del esfuerzo y la perseverancia, y a darles razones justas a los niños. A partir de esta etapa de vida, ya se puede buscar la comprensión y la tolerancia en los niños; de hecho, recomiendo inculcárselas a partir de esta edad ya que les ayudará al manejo del control de sus impulsos y a distanciarse del egoísmo y egocentrismo, característicos de las tres etapas anteriores.

Como en la etapa anterior, en esta etapa y en las subsecuentes, es importante trabajar los tres grupos de emociones, esto es, las que van acompañadas de la palabra "no", las que sirven para inculcar emociones positivas y las de reconocimiento. Como a esta edad los niños ya son capaces de formar sus propios juicios, recomiendo que se trabajen de la siguiente forma:

1. A los que van acompañados del "no". Al respecto aconsejo a los padres dar razones con las que expongan el beneficio a largo plazo, pero de una forma que los niños puedan sentir y entender lo que se les dice. Además, a esta edad es común que los niños sean demasiado insistentes en lo que desean, por lo que también aconsejo mantenerse firme en el "no", de lo contrario le será muy difícil controlar a sus hijos en las etapas subsecuentes. Como a esta edad los niños ya tienen conciencia de sus actos, una forma de tratar con ellos el "no", es haciéndoles preguntas que vayan ligadas al ¿por qué no? y que ellos mismos las respondan, guiadas o reafirmadas por los padres, como por ejemplo:

• ¿Por qué crees tú que no puedes salir este fin de semana? ¿Te acuerdas lo que acordamos que pasaría si reprobabas una materia? [...] Así es, quedamos que te quedarías los fines de semana estudiando nuevamente los temas del examen, sin salir, hasta que te los hayas aprendido. ¿Recuerdas? Y en la boleta de calificaciones que me acabas de entregar, ¿había alguna materia reprobada? ¿Sí, verdad? Bueno, entonces ya sabes por qué no puedes salir este fin de semana y qué es lo que vas a hacer en esos días.
• ¿Crees tú que puedes acompañarme al súper? A ver, ¿cuáles son las reglas: que no puedes salir hasta que hayas terminado tu tarea, ¿cierto? [...] Y, ¿ya la terminaste? [...] No, ¿verdad? Tú ya sabías que yo iba a ir al súper y sin embargo, te pusiste a jugar en vez de hacer la tarea; entonces tú dime, ¿puedes ir al súper conmigo, o no?
• ¿Por qué me pides que te compre algo que sabes que no te lo voy a comprar? Ya sabes que sólo te compro en tu cumpleaños y en Navidad y ya conoces las razones de ello, entonces, ¿por qué me lo pides? [...] Si tanto lo deseas, ahorra de tus domingos y cómpratelo tú.
• Hijo, ¿por qué le hablas de esa forma tan agresiva a tu

hermano? [...] Sí, pero él no te habla de esa forma, ni te grita, ni te agrede. Quedamos en que si volvías a hablarle de esa forma a tu hermano, no verías televisión ese día, ¿cierto? Es importante que tomes conciencia de que no se le puede hablar de esa forma tan agresiva a nadie, mucho menos a tu hermano.

• Dejaste toda tu ropa tirada esta mañana. ¿Qué fue lo que acordamos? [...] Así es, quedamos que cuando dejaras tu ropa tirada, ese día no verías televisión, entonces ya sabes que hoy no vas a ver televisión.

• Mi vida, me dieron una queja en la escuela, que le pegaste a un compañero de tu salón [...] Tú sabes que no existe razón alguna para pegarle a alguien y que por más que la otra persona haya hecho mal, no existe excusa alguna ni justificación alguna para que tú le pegues. Recuerda que si tú aprendes a controlar tus impulsos y tu enojo, eres tú el que sale ganando, a mí no me importa si el otro niño aprende a controlar sus impulsos o no, a mí me importas tú. Entonces, ¿crees tú que hiciste bien o no? [...] Ahora, ¿qué acordamos que pasaría si le pegabas a alguien? [...] Bueno, pues lo lamento, pero ahora vas a tener que cumplir la consecuencia. ¿De acuerdo?

Marcarles de esta forma los límites, el "no", a los niños en esta etapa de vida, los haces conscientes de la falta cometida pero sin generar enojo en ellos. Cuando los padres les gritan o les hablan de una forma demasiado autoritaria, los niños tienden a enojarse y bloquearse, por lo que no se concientizan de cómo deben comportarse. Como se muestra en los ejemplos, reitero la importancia de que los hijos siempre conozcan, de antemano, todas las reglas de la casa y las consecuencias por el incumplimiento de cada una de ellas.

2. Para inculcar valores y emociones positivas, podemos acudir a ideas y convicciones como:

• ¿Por qué no intentas tener mejores calificaciones? [...] Yo sé que estudias y también sé que eres una persona muy inteligente, ¿por qué crees tú entonces que no obtienes buenas calificaciones? [...] Yo creo que lo que sucede es que no te esfuerzas lo suficiente, buscas aprenderte lo que te dejan de estudiar en cinco minutos y cuando ya casi te sabes todo en esos cinco minutos, cierras el libro creyendo que eso es suficiente, ¿cierto o no? [...] Cuando se estudia algo, poco tiempo, la memoria sólo funciona a corto plazo, esto es, puedes aprendértelo por unas horas pero al rato se olvida; en cambio, cuando se estudia algo, por más tiempo, repitiéndolo varias veces, la memoria tiene mayor capacidad de retención permitiendo que te acuerdes de las cosas al día siguiente. ¿Entiendes? [...] Entonces, ¿qué crees tú que debas hacer para sacar mejores calificaciones? [...] Sé que no te gusta estudiar mucho pero, ¿no te gustaría ver en tu boleta puros nueves y dieces?, ¿no crees que te sentirías muy orgullosa de ti misma por haberte esforzado? Recuerdas aquella ocasión que te esforzaste para[...] ¿Cómo te sentiste? [...] Increíble, verdad. ¿No te gustaría sentirte igual en la escuela?, además de saber que estás adquiriendo conocimiento. ¿No crees tú que vale la pena el esfuerzo? ¿Recuerdas cómo hemos hablado de que a las personas que les va mejor en la vida son aquellas que más se esfuerzan? Entonces, ¿no te gustaría ser de esas personas? ¿Saber que en la vida te va a ir muy bien y vas a ser feliz porque aprendiste a esforzarte?

Este tipo de plática hace que los hijos aprendan a apreciar el valor del esfuerzo y a sentir orgullo por sus logros obtenidos.

• ¿Tú crees que está bien que hables con ese vocabulario? A ver dime, ¿a quién has oído hablar con groserías? [...] Y cuando oyes a esa persona hablar así, ¿cómo te la imaginas? [...] ¿Te has dado cuenta que las personas que hablan así, generalmente son personas que no tienen educación? [...] ¿Quieres que la gente te perciba como una persona que no tiene educación? [...] A ti te gusta que tus amigos te inviten a su casa, ¿cierto?, ¿crees tú que sus mamás se van a interesar en invitarte si te oyen hablar de esa forma? Es importante que pienses en cómo quieres que te perciba la demás gente y cómo debes comportarte para que esas personas deseen invitarte y estar contigo.

Este tipo de plática hace que los hijos encuentren una razón de ganancia personal para cuidar su lenguaje, tener buenos modales y saberse comportar con educación.

• ¿Por qué ya no te llevas con tu amiga? [...] Bueno, tal vez se haya vuelto un poco presumida, pero ha sido tu amiga desde hace varios años y siempre se han llevado muy bien. ¿Se ha portado mal contigo? [...] Bueno, si no se ha portado mal contigo entonces tal vez deberías ser un poco más tolerante con ella. A medida que el tiempo pasa, va cambiando nuestra forma de ser y eso es lo que está pasando contigo y con tu amiga, sin embargo, ella no ha hecho nada para lastimarte, solamente ha cambiado en su forma de ser. No siempre las personas que apreciamos van a ser como nosotros esperamos, por ello es importante aprender a aceptarlas y quererlas como son. Fíjate en todo lo positivo que tiene tu amiga y cómo te ha demostrado su amistad, ¿vas a echar todo eso por la borda? [...] No, verdad. Entonces, ¿por qué no tratas de reanudar la amistad con ella y valorar todo el cariño que se han tenido? Recuerda que no es fácil encontrar buenas amigas.

Al hablarles así a nuestros hijos les inculcamos el valor de la tolerancia, la amistad, la lealtad y la empatía.

• ¿Tú crees que está bien que tengas tu cuarto todo tirado? A ver dime, ¿qué sientes cuando ves tu cuarto todo tirado? [...] y cuando lo ves recogido, ¿qué sientes? ¿Verdad que te sientes mejor? En la vida debemos buscar hacer lo que nos haga sentir mejor, a veces requiere de más esfuerzo pero a la larga, nos sentimos mejor con nosotros mismos y eso hace que el esfuerzo valga la pena. Cuando uno tiene orden en su recámara, es más fácil tener orden en todas nuestras cosas. ¿Recuerdas el otro día que entramos a la casa de [...] ¿Recuerdas cómo estaba todo tirado?, ¿cómo te sentiste en esa casa? [...] Mal, verdad. A veces da flojera recoger nuestras cosas pero cuando las vemos todas ordenadas y podemos encontrar todo lo que buscamos, porque cada cosa tiene su lugar, terminamos trabajando menos ya que buscamos menos. Tener orden en nuestra vida nos ayuda a vivir mejor y a sentirnos mejor. Qué te parece si hoy ordenas todo tu cuarto y todos tus cajones y cuando termines me dices cómo te sientes. ¿De acuerdo?

Hablarles así a nuestros hijos, les ayuda a sentir la importancia en su vida de vivir con determinados valores como es el del orden.

• ¿Te das cuenta de lo afortunado que eres por haber nacido en esta familia? Eres afortunado porque tienes unos padres que te aman y se preocupan por tu educación. ¿Te acuerdas cuando vimos en las noticias de los niños que eran maltratados por sus padres y que hasta los quemaban con cigarros? Imagínate, pobres niños, sus padres no los aman y los maltratan. También eres afortunado porque diario tienes que comer, tienes escuela, ropa, una casa, juguetes y muchas cosas más. En cambio, ¿has visto los niños que están junto a los semáforos pidiendo limosna? Esos niños no van a la escuela porque sus padres los envían a pedir limosna para llevar el dinero a su casa, además casi no les dan de comer ni les compran ropa ni nada. ¿Tú crees que es justo? [...] No, ¿verdad? Pobrecitos niños, por eso debemos compartir lo que tenemos para ayudar a que esos niños puedan tener una vida mejor. ¿Ahora sí te das cuenta de lo afortunado que eres? [...] Pues entonces nunca te vuelvas a quejar por lo que no tienes y agradece todo lo que tienes porque son muchas más las personas que no tienen que las que tienen.

Al hablarles así a nuestros hijos, les inculcamos los valores de la empatía, el agradecimiento, la generosidad y la compasión.

Con relación a este punto, el de inculcar valores y emociones positivas en nuestros hijos, en esta etapa de vida es importante crear consciencia en ellos para que sean ellos mismos los que deseen vivir con estos valores y estas emociones.

1. Para dar reconocimiento, podemos acudir a frases como las de las etapas anteriores y agregar las siguientes:

• Estoy muy orgullosa de que seas una buena amiga y sepas aquilatar el valor de la amistad.
• Te felicito porque permitiste que tu hermano juntara el álbum de estampas contigo, eres un buen hermano.
• Estoy orgullosa de ver que cada día te esfuerzas más.
• Estoy orgullosa de ver que tú mismo deseas ser una mejor persona.
• Estoy muy orgullosa de ver que te esfuerzas por comprender a los demás, eso también te va a ayudar a ser una mejor persona.

• Estoy muy contenta de darme cuenta de que ya sabes cómo ser feliz.

•Estoy muy contenta de darme cuenta de que te preocupas por los demás.

• Me alegra ver que ya piensas las cosas antes de actuar.

Límites de 12 a 15 años de edad, quinta etapa de vida

A partir de esta etapa de vida, los hijos dejan de ser niños para pasar a ser adolescentes. Esta etapa de vida se caracteriza, en primer lugar, porque los adolescentes tienden a experimentar las emociones de forma muy aguda, es decir, surgen muchas emociones y todas ellas se encuentran "a flor de piel" y, en segundo lugar, porque se encuentran en la búsqueda de su identidad, tendiendo a ser rebeldes. En esta etapa el papel de los padres es más de guía que de jefe, es decir, los límites de acción dejan de tener la importancia que tenían en las etapas anteriores, mientras que los límites de convicción se vuelven determinantes; por ello es conveniente que los padres busquen hablar, hablar y hablar con sus hijos, dando consejos y esperando que los hijos recurrirán a su propia conciencia en toda acción que tomen. En esta etapa los padres comienzan a cosechar lo que sembraron en la educación de sus hijos durante los años anteriores, sin que ello signifique que ya concluyeron. El objetivo de esta etapa es que los adolescentes tomen conciencia de que ellos son capaces de usar, manejar y controlar sus propias emociones, su voluntad y su propio ser.

Debido a que los adolescentes se encuentran en busca de su identidad, es común que traten de pertenecer a un grupo de amigos, esto es, los amigos, en esta etapa de vida, se vuelven algo crucial para los adolescentes, así como su reconocimiento y aceptación entre aquéllos. Por tal motivo, con el fin de ser aceptados, los adolescentes buscarán hacer lo que el grupo haga, sin pensar en el tipo de acciones escogidas o sus consecuencias. Como padres sabemos que existen influencias positivas y negativas; tomando en consideración este aspecto y sabiendo que a esta edad ya no se les puede ordenar a los hijos, recomiendo que los límites de convicción estén dirigidos a que los hijos reconozcan lo que es una influencia positiva y una negativa y que vislumbren que se sentirán mejor con ellos mismos si permiten que su propia consciencia sea su guía y no la de sus amigos.

Para trabajar en esta etapa los tres grupos de emociones: los que van acompañados de la palabra "no", los que sirven para inculcar emociones positivas y los de reconocimiento, es recomendable:

1. Los que van acompañados del "no". Al respecto, como los hijos ya no van a aceptar recibir órdenes y que el querer imponerlas sólo los vuelve más rebeldes, con más enojo y más agresión, el trabajo con ellos es sumamente difícil en esta etapa de vida, sobre todo en los casos en los que las etapas anteriores no se trabajaron los límites de convicción, aunque sí se hayan trabajado los de acción. Esto se debe a que el adolescente está buscando crear su propia identidad pero no tiene una base sólida, con conciencia de lo que está bien, lo que está mal y lo que desea. Conoce todo a lo que sus padres le dijeron "no" pero desconoce el porqué, que puede ser un "porqué" meramente racional sin haberle permitido experimentar la sensación, de forma consciente y de vivir el beneficio de ello. Por tal motivo, si tu hijo va por mal camino en esta etapa de vida y no suele escucharte, deberás buscar marcar esos "no" con mucha firmeza y mucho amor, pero negociando, esto es, buscar que cumplan con el "no" aun a sabiendas que lo más probable es que lo acepte para no dejar de gozar de ciertos privilegios o tener que afrontar las consecuencias de su incumplimiento. Para ejemplificar la forma en que

podemos trabajar este punto con nuestros hijos, expongo los siguientes ejemplos, que pueden sumarse a los expuestos en la etapa anterior:

• ¿A dónde vas? [...] Pero, tú sabes que no puedes salir este fin de semana [...] Las reglas ya fueron establecidas, quedamos que si reprobabas alguna materia, te quedarías el fin de semana a estudiar esa misma materia, ¿recuerdas? [...] Lamento mucho que te hayas quedado de ver con tus amigos, pero no puedes salir, tienes que estudiar [...] Bueno, la próxima vez que tengas exámenes, espero que recuerdes que no deseas quedarte a estudiar los fines de semana, y entonces estudies para ese examen en el día indicado [...] No puedes salir, si te sales no tendrás un sólo centavo para gastar en este mes, tú decides.
• Sé bien que deseas que te ayude a comprar un [...], porque con tus domingos no te alcanza. Te propongo un trato: si cumples con todas tus tareas de la escuela durante todo este mes, lo compraremos a finales de mes y yo pagaré la mitad. Pero recuerda, con un solo día que no cumplas, se cancela el trato.
• ¿Por qué hablas de esa forma tan agresiva y tan grosera? [...] Pues si quieres hablar así será mejor que lo hagas fuera de esta casa ya que aquí no se aceptan esos modos, en esta casa se trata con respeto a los demás y si no eres capaz de hacerlo, salte de la casa hasta que estés dispuesto a seguir las reglas.
• Dejaste tu ropa tirada esta mañana y tu cuarto en desorden. [...] Sé que no te gusta invertir tiempo en arreglarlo pero si no deseas perder el privilegio de que sea "tu cuarto" deberás tenerlo arreglado, de lo contrario dejará de ser "tu cuarto", lo que implica que tu papá y yo entraremos en él cuando queramos ya que pasará a ser nuestro aunque tú duermas en él. Tienes dos días para arreglarlo o pierdes el derecho de que sea "tu cuarto", tú decides.

• Así que te expulsaron de la escuela por haber peleado con otro compañero. Mira, en el mundo siempre hay personas agresivas, pero es nuestra decisión responder de la misma manera o no. ¿Te das cuenta de que si tú no controlas tus impulsos y te dejas provocar reaccionando con violencia ante las agresiones de los demás, algún día puedes salir severamente lastimado y lamentarte por el resto de tu vida? ¿Crees tú que por haberlo golpeado ganaste algo? [...] Qué te parece si hacemos una lista donde pondremos todo lo que ganaste en la pelea y todo lo que perdiste y después hablamos al respecto.

Marcarles de esta forma los límites de "no" a los adolescentes, nos ayuda efectivamente a que se comporten de la manera esperada, pero no debemos olvidar que lo hacen sólo por ganar ciertos privilegios; por tanto, lo más importante en esta etapa de vida, serán los límites que nos sirven para inculcar valores, convicciones y emociones positivas en nuestros hijos.

2. Para inculcar valores y emociones positivas, podemos acudir a las ideas y convicciones que tratamos en la etapa pasada más las que expongo a continuación:

• Hijo, ¿cómo crees que va a ser tu vida en los próximos años viviendo ahora con el menor esfuerzo posible? [...] Tienes que decidir cómo vas a querer vivir tu vida futura, si deseas ser una persona triunfadora, halagada y admirada por los demás, que ama su trabajo porque tuvo la oportunidad de escogerlo, que no tiene problemas económicos porque goza de un buen salario que le permite vivir como quiere o, si vas a ser una persona que va a trabajar en lo que la contraten, le guste su trabajo o no, porque tiene problemas económicos y no le alcanza ni para pagar la renta de un cuarto y ello derivado de que cuando tuviste la oportunidad de salir adelante, no supiste valorar la oportunidad y no te esforzaste lo suficiente. [...] Es importante que entiendas que lo que marca la diferencia cuando nos convertimos en alguien, va ligado al esfuerzo con el que vives ahora, en tu etapa adolescente. Lo que no aprendas a valorar ahora —los valores que no adquieras—, será muy difícil que lo hagas después. Por ello te pido que medites en mis palabras y busques vivir el valor del esfuerzo. [...] ¿Cómo lo puedes lograr? Por medio de la escuela, estudiando más, buscando aprender más y no sólo pasar los exámenes, sino buscando tener mejores calificaciones e incluso ser el mejor alumno de tu grupo. Cuando logres eso, habrás adquirido el valor del esfuerzo y la vida te recompensará por ello.

Este tipo de plática hace que los hijos adolescentes aprendan a apreciar el valor del esfuerzo desde una perspectiva interior y de ganancia a largo plazo.

• Hijo, he notado que últimamente frecuentas amistades que no tienen ningún interés en la escuela, que utilizan un vocabulario que deja mucho que desear, que sólo les gusta estar de vagos y divertirse, que no tienen respeto por los demás y que no tienen aspiraciones futuras. Yo sé que a tu edad son muy importantes los amigos y que es común que busques la aceptación de ellos, haciendo las mismas cosas que ellos, sin embargo, me gustaría que recapacitaras y pensaras si es así como deseas vivir el resto de tu vida, si consideras que se puede vivir y ser feliz teniendo como único objetivo el divertirse y pasar el tiempo, sin ninguna consideración hacia tu propia persona ni hacia los demás. ¿Crees tú que se puede sentir orgullo de una vida así? ¿Crees tú que se pueda sentir satisfacción en lo que haces? ¿Crees tú que te puedas sentirte bien contigo mismo después de burlarte de alguien sin motivo alguno? La verdadera felicidad y la dicha interior, el orgullo y la satisfacción personal sólo se logran por medio de acciones que nos hacen sentir satisfechos de nosotros mismos, acciones como esforzarte en la escuela, tratar a las demás personas con consideración y respeto, aprovechar tu tiempo haciendo cosas valiosas, pensar en los demás y encaminar tu vida hacia donde puedas hacer de ti una mejor persona. Desgraciadamente, no se pueden tener amigos con los cuales se convive todos los días que tienen aspiraciones diferentes a las de uno, por ello sería bueno que pensaras que tal vez sería mejor cambiar de amigos o a lo mejor puedes hablar con ellos y hacerlos ver que tienen la posibilidad de crearse una vida mejor. Sé que es tu decisión y que es una decisión difícil de tomar, piénsalo bien, sé que tomarás el mejor camino.

Este tipo de plática hace que los hijos cuestionen el giro que va tomando su vida, que comiencen a vivir de acuerdo a sus expectativas de vida y que empiecen a evaluar la influencia que reciben de sus amigos y del ambiente que los circunda.

• Hijo, ¿te das cuenta que constantemente estás de mal humor y que ese mal humor hace que seas intolerante con quienes te rodean? [...] ¿Cuál crees tú que sea el motivo que hace que constantemente estés de mal humor? [...] Me das muchos motivos, de los cuales me doy cuenta que algunos dependen de ti y otros no. ¿Qué te parece si los analizamos? A ver, con respecto a los motivos que son cosas que no dependen de ti y, por lo tanto, no puedes cambiar, ¿crees tú que valga la pena que estés de mal humor por algo que no puedes cambiar? Es como si yo estuviera siempre de mal humor porque el cielo es azul y no verde. Cuando alguien está de mal humor, ¿quién crees tú que sea el que pierde? Pues esa persona, porque al estar de mal humor se quita la oportunidad de estar contento, sentirse en paz y ser feliz. Entonces, ¿vale la pena estar de mal humor? ¿Cómo quieres sentirte? De mal humor, intranquilo, enojado, intolerante o feliz, tranquilo, contento y relajado. De ti depende cómo vivas, sólo tú puedes decidir cómo vivir. Ahora, con respecto a las cosas que dependen de ti y que, por lo tanto, sí puedes cambiar, ¿qué crees tú que sea más sabio?, ¿buscar la voluntad en nuestro interior para cambiar las cosas que podemos cambiar o seguir de mal humor sin hacer nada por cambiar las cosas? [...] ¿Cómo crees tú que logras sentirte mejor contigo mismo? A veces hay que forzar nuestra voluntad para hacer cosas que nos cuestan trabajo, pero a la larga, nos dan satisfacción y nos permiten ver la vida con mejores ojos. ¿Por qué no piensas en esto y te das la oportunidad de buscar la forma de trabajar tu voluntad para sentirte mejor?

Al hablarles así a nuestros hijos les estamos ayudando a que valoren las emociones con las que están viviendo y asimilen la conveniencia de cambiarlas. Les estamos ayudando a que vislumbren que ellos tienen la capacidad de cambiar dichas emociones y a darse cuenta que el logro de ello reside en la voluntad.

• Hijo, he notado que últimamente ya no me cuentas nada de tu vida, ni de tus amigos, ni de tus intereses, ni de tus creencias; de lo que haces, lo que te molesta, lo que piensas, lo que sientes. ¿Qué pasa contigo? ¿Crees que no me interesa saber cómo estás, cómo te sientes? [...] Cuando te pregunto algo sólo me contestas "sí", "no", pero no me das tu opinión. ¿Crees que para mí no vale tu opinión? [...] Para mí, tu opinión es muy importante, eres mi hijo y me interesa tu opinión porque me permite ver qué piensas y qué sientes con respecto a todas las cosas. Yo sé que en muchas ocasiones tu opinión va a ser muy diferente de la mía, después de todo somos de diferente generación, pero si comienzas a darme tu opinión sobre las cosas, tal vez yo pueda aprender mucho sobre tu generación y ser más comprensiva cuando me pidas algo en lo que yo no esté de acuerdo. ¿No crees?

Muchas veces los hijos se cierran con los padres por lo que éstos se convierten en perfectos desconocidos para aquéllos. Es importante conocer las ideas, convicciones y emociones que experimentan nuestros hijos porque eso nos permitirá evaluar si van por buen camino o no; por tal motivo, al hablarles de esta forma a los hijos, les estamos dando confianza para lograr que ellos se abran con nosotros y saber así los puntos en los que debemos trabajar. Es importante que cuando los hijos se empiecen a abrir y dar su opinión, no los critiquen ni ustedes ni otras personas ya que de lo contrario, volverán a cerrarse y de una forma más hermética.

Con relación a este punto, el de inculcar valores y emociones positivas en nuestros hijos, es importante en esta etapa de vida, inculcarles sobre todo el valor del autodominio ya que comienzan una edad en la que creen que son invencibles e infalibles, sin medir las consecuencias: deben aprender a controlarse interiormente puesto que eso les ayudará a medir las consecuencias de sus actos.

3. Para dar reconocimiento, podemos acudir a frases como las de las etapas anteriores agregando las siguientes:

• Estoy muy orgullosa de que empieces a actuar con responsabilidad en tu vida.
• Estoy muy orgullosa de ver que te comprometiste con algo y lo estás cumpliendo, a pesar de todos los obstáculos que se te han presentado. No sabes la satisfacción que me da al ver la persona en la que te estás convirtiendo.

• Estoy muy orgullosa de la decisión que tomaste. Fue una decisión libre de egoísmo.

• Me siento muy satisfecha de ver que hayas asumido tu responsabilidad.

• Estoy muy orgullosa de ver la persona en la que te estás convirtiendo.

• Me alegra ver que hayas tomado una decisión sabia.

• Estoy orgullosa de tu esfuerzo.

• Estoy orgullosa de que te hayas dejado guiar por la razón y no por el impulso.

• Estoy orgullosa de tus convicciones y de la forma en que las defiendes.

• Estoy orgullosa de tus sentimientos hacia los demás.

• Estoy orgullosa de que defiendas tus convicciones.

• Estoy orgullosa de ti porque no te dejas llevar por influencias negativas.

Límites de 15 a 18 años de edad,
sexta etapa de vida

A partir de esta etapa de vida el adolescente comienza a entrar a la adultez, lo que significa que comienza a perfilar sus propias ideas y convicciones que generó durante el periodo de su adolescencia, de acuerdo a las experiencias vividas y el entorno en el cual se desarrolló. Emocionalmente, el adolescente entra a una etapa menos intensa por lo que da más cabida a lo racional, esto es, sus decisiones dejan de ser viscerales e impulsivas porque antes de ponerlas en práctica analiza en dónde y cómo van a incidir, de acuerdo a sus propias convicciones.

Con relación a este punto, quisiera hacer notar que las ideas y convicciones, aunque son algo que compete a la inteligencia racional, se forman en concordancia con las emociones que el adolescente haya desarrollado durante las etapas anteriores, es decir, si el adolescente creció con emociones y actitudes negativas como el enojo, el egoísmo, el sarcasmo, la indiferencia y otras similares, entonces sus ideas y convicciones no tomarán en cuenta a los demás, por lo que cometer actos de destrucción o en contra de otros, conformará parte de sus ideas y convicciones. Si el adolescente creció con sentimientos positivos como la nobleza, la empatía, la compasión, la generosidad y otras similares, entonces sus ideas y convicciones serán complementarias con el respeto hacia sí mismo y hacia los demás y todo lo que se relaciona con ello.

Por lo anterior, si tu hijo se encuentra en esta etapa de vida y consideras que es una persona desconsiderada, egoísta, hedonista, materialista, irrespetuosa, malhumorada, agresiva o que tiene alguna otra característica similar, entonces deberás empezar por transmitirle emociones positivas en las que el ejemplo suele ser la forma más eficaz de hacerlo. Trata de inculcarle esas emociones con el ejemplo pero también con explicaciones como las mencionadas en los modelos que ilustraron las etapas anteriores, de tal forma que tu hijo pueda vislumbrar la satisfacción que se experimenta al vivir con dichas emociones. Te aconsejo que convivas con él y realicen actividades juntos en las que se puedan experimentar las emociones que deseas transmitir.

Asimismo, es importante que tu hijo tenga consciencia de que lo que siembre en esta etapa de vida será lo que coseche en su vida de adulto, es decir, las emociones que no aprenda a experimentar en esta etapa será muy difícil que las aprenda después, que los hábitos que no haya desarrollado será casi imposible que los desarrolle después, que los valores que no haya adquirido, será casi seguro que no lo adquiera después, y que como viva en estos tres años de vida, marcará su forma de vida posterior.

Por ello, esta etapa de vida representa algo así como el último barco en el cual nos podemos subir los padres con nuestros hijos para lograr hacerlos personas felices y de bien. Mi experiencia me dice que lo que no se logre con los hijos en esta última etapa educativa, es improbable que lo logremos después. Esto no significa que si nuestro hijo va por mal camino ya no pueda cambiar nunca. Lo que quiero decir es, que es el último momento en que los padres podemos hacer algo por ayudar a nuestros hijos, que todavía podemos tener ingerencia en ellos porque a partir de los 18 años cualquier mejora que se logre en nuestros hijos, habrá sido por decisión y voluntad de ellos mismos. A partir de los 18 años, lo único que nos queda a los padres por hacer, es sentarnos y confiar que todas nuestras enseñanzas hayan sido reconocidas, sentidas y asimiladas por nuestros hijos.

Para trabajar en esta etapa con los tres grupos de emociones, los que van acompañados de la palabra "no", los que sirven para inculcar emociones positivas y los de reconocimiento, es recomendable hacerlo de la siguiente forma:

1. Los que van acompañados del "no". Como sabemos que los hijos ya no son tan impulsivos y tienden más al análisis de la situación y al razonamiento —no sin ello dejar de lado la parte emocional— es mejor actuar de forma muy parecida a la indicada en la etapa anterior pero buscando crear conciencia, siendo más explícitos en cuanto al valor personal que van a perder y, al mismo tiempo, tratando de hablar en forma menos autoritaria y con el tono que se usa en una negociación, es decir, a esta edad el adolescente es más independiente y autosuficiente que en la etapa anterior, por lo tanto, si se le habla con demasiado autoritarismo, de tal forma que se sienta amenazado cuando le dices, por ejemplo, que si sale no le vas a dar dinero que gastar durante el mes, probablemente se salga y lo que haga sea buscar cómo ganar ese dinero que le negaste, tomando acciones todavía más negativas para él, con el fin de conseguirlo; aconsejo entonces que es mejor recurrir a su consciencia de su valor propio.

Para explicar la diferencia entre la etapa anterior y la actual, expondré los mismos ejemplos que en la etapa anterior, marcando las diferencias entre las dos etapas:

• ¿A dónde vas? [...] A ver ven, siéntate aquí. ¿Recuerdas la plática que sostuviste hace seis meses con tu papá y conmigo respecto a tus calificaciones? [...] Bueno, ¿qué acordamos? Si mal no recuerdo, que si reprobabas alguna materia te quedarías el fin de semana a estudiar esa materia y tú estuviste de acuerdo. ¿Cierto o no? [...] Bueno hijo, si hay algo que espero de ti es que tengas palabra y la cumplas. [...] Lamento mucho que te hayas quedado de ver con tus amigos pero si hay algo que te hemos enseñado tu padre y yo es a cumplir con tu palabra. [...] Mira, no voy a discutir contigo, tú sabes que de acuerdo con las reglas establecidas —con tu aprobación— no puedes salir, y tú estuviste de acuerdo con ellas; si aun así decides salirte, lo que estarás manifestando es que tu palabra no tiene valor y con ello lograrás que perdamos la confianza que hasta ahora hemos depositado en ti. Es tu decisión si quieres tener un retroceso o no en la confianza que te hemos tenido, y si quieres o no que volvamos a la educación de premios y castigos.

• Sé bien que deseas que te ayude a comprar un [...], porque con tus domingos no te alcanza. La cuestión es que quedamos que ese tipo de cosas te las comprarías tú solo; sé cuánto deseas comprar el [...] por lo que te voy a dar una solución: qué te parece si vas a trabajar con tu tío Pepe tres veces a la semana, por las tardes, en su negocio. Estoy segura que te dará el trabajo y te pagará lo suficiente para que pronto juntes el dinero para comparte el [...] Una vez que tengas el dinero, y que no hayan bajado tus calificaciones, si decides seguir trabajando, entonces podrás hacerlo y comprarte otras cosas que desees. ¿Qué opinas, te agrada la idea? [...] Bueno, pues piénsalo porque si en verdad deseas tanto comprar el [...] no veo otra forma en que lo puedas hacer.

• ¿Por qué hablas de esa forma tan agresiva y tan grosera? [...] Mira, por un lado ya eres casi un adulto y los adultos no hablan de esa forma; pero lo más importante es el ambiente familiar que vivimos. ¿Te gustaría que tu papá y yo nos habláramos de esa forma o que te habláramos a ti de esa forma? Si hay algo que hemos propiciado en esta casa es el respeto hacia los demás y eso se demuestra sobre todo en la forma en la que les hablamos; así que si quieres que te sigamos tratando con respeto empieza por hacerlo tú también, porque en la vida serás tratado de la misma forma como tú trates a los demás, y de sobra sé que te gusta ser respetado.

• Dejaste tu ropa tirada esta mañana y tu cuarto desarreglado. [...] Antes que nada quiero que sepas que esta casa no es un hotel en el que sólo llegas a dormir. Todos los que vivimos aquí tenemos ciertas responsabilidades que debemos cumplir si queremos seguir viviendo en ella. Entre las tuyas está la de mantener tu cuarto arreglado, por lo tanto, si deseas que lo siga siendo y que ésta siga siendo tu casa, deberás mantenerlo en orden.

Si después de haber sostenido algunos diálogos de este tipo con tu hijo éste sigue dejando su ropa tirada y el cuarto desarreglado, puedes hacer algo como cerrarlo con llave por dos días dejándole algo de ropa afuera; le dices que como el cuarto está desarreglado, no lo puede utilizar por dos días y pides que se vaya a dormir a la sala o algún otro lugar de la casa; te aseguro que después de una experiencia así, optará por mantenerlo arreglado.

• ¿Cómo es posible que a tu edad te hayan expulsado por haber peleado con otro compañero? ¿Qué fue lo que pasó? [...] Mira hijo, en la vida siempre va a haber razones de peso para querer golpear a alguien, pero eso no significa necesariamente que lo hagamos. Si todos golpeáramos a quienes nos molestan o nos agreden, todos obrarían guiados por sus impulsos y el mundo sería un caos. En tu vida se van a presentar muchas personas que te agredan pero está en ti la forma de reaccionar; si tú aprendes a controlar tus impulsos y a no permitir que las agresiones afecten tus emociones, estarás convirtiéndote en una persona emocionalmente fuerte, equilibrada y libre. Tú decides en qué te quieres convertir.

Marcarles de esta forma los límites de "no" a los adolescentes, los conduce a que busquen comportarse de la manera esperada pero ya no por ganar ciertos privilegios, sino porque tomaron consciencia de lo que realmente les conviene integrando con ello ese valor a sus ideas y convicciones.

2. Para inculcar valores y emociones positivas en los adolescentes, podemos acudir a las ideas y convicciones que expusimos en la etapa anterior agregando: hijo, quisiera que estuvieras consciente que las decisiones que tomes a partir de esta etapa de vida, son las que marcarán tu existencia como adulto, porque a veces vivimos sin hacernos conscientes de ello y cuando recapacitamos ya es tarde para dar marcha atrás. Entonces, quisiera saber si ya te has puesto a pensar cómo deseas vivir tu vida de adulto y si has hecho planes al respecto desde diferentes puntos de vista, y si has analizado lo que necesitas realizar para lograr cada uno de esos planes. Me gustaría platicar contigo algunas cosas que creo te servirán para tomar decisiones.

• Una de las principales cosas que es importante empezar a analizar a tu edad, es lo que se refiere a la pareja. Te has preguntado:

º ¿Cómo deseas vivir tu relación de pareja o, por lo menos, cómo no te gustaría vivir tu relación de pareja?
º ¿Cómo deseas que sea tu pareja o, por lo menos, cómo no te gustaría que fuera tu pareja, para no chocar con ella?
º ¿Qué tipo de ideología es la que te gustaría que tuviera tu pareja o, por lo menos, qué tipo de ideología no te gustaría que tuviera?
º ¿Cómo deseas que sea su carácter o, por lo menos, cómo no te gustaría que fuera su carácter?
º ¿Qué tipo de madre/padre te gustaría que tu pareja fuera para tus hijos; o qué tipo de madre/padre no te gustaría que fuera para tus hijos?

Con relación a lo anterior, quisiera que comprendieras lo siguiente:

* *Primero*: que es imposible tener una pareja como la quisiéramos en todos los aspectos, y si se tiene una pareja que en algunos aspectos no nos satisface, entonces es muy difícil mantener una relación sana y feliz. ¿Qué significa esto? Que es importante estar consciente que no existe la pareja perfecta y, por lo tanto, podemos buscar una pareja que tal vez no sea físicamente como quisiéramos pero que su forma de ser y de pensar no es contraria a lo que nos gustaría que fuera, entonces es posible lograr una relación sana y feliz. En resumen, no importa que tu pareja no sea exactamente como la que deseabas, siempre y cuando no sea lo que no quieres, tomando en cuenta que entre lo que queremos y lo que no queremos siempre hay una gran variedad.

* *Segundo*: que te hagas consciente de que a partir de esta etapa de vida, debes empezar a hacerte este tipo de cuestionamientos. Si descubres a alguien que te agrada, busca conocer a esa persona antes de involucrarte en una relación de pareja. Los jóvenes suelen enamorarse y empezar una relación íntima con la primera muchacha que los atrae, sin reparar en su carácter y personalidad y con el tiempo, al darse cuenta de que es justo lo contrario a lo que esperaban, terminan muy lastimados, lo que afectará su próxima relación de pareja, por lo que salen nuevamente lastimados y así sucesivamente, y los años pasan y con ello cristaliza la incapacidad de vivir una relación sana hasta que se convierten en personas viejas, solitarias y amargadas porque sólo experimentaron relaciones destructivas. Para que esto no te suceda a ti, debes empezar a partir de ahora, a valorar a las personas con las que sales y permitirte vivir actuando más con la cabeza que con las hormonas. He conocido a muchas personas que cuando estaban en esta etapa de vida, vi-

vían relaciones que llamaban "de destrampe y temporales" y el tiempo me hizo ver que tal vez fueron de destrampe pero para nada temporales.

• Otro de los puntos importantes a considerar a esta edad, es el laboral. Muchas personas creen que a tu edad todavía no es importante hacerse este tipo de cuestionamientos pero con el siguiente análisis que quisiera que realizaras, podrás observar cómo es que cimentarás las bases de ello, justo en esta etapa de vida. La primera pregunta que hay que hacer es: ¿qué representa para ti el éxito laboral? Esta pregunta es la más importante porque, dependiendo de lo que se responda, serán las metas a cumplir. Por ejemplo, hice una encuesta con diferentes personas y obtuve las siguientes respuestas:

º Es trabajar en lo que me gusta, ganando lo necesario para vivir bien pero sin tener como prioridad el puesto o el dinero sino el gusto por lo que hago.

º Es lograr hacer algo que me dé satisfacción.

º Es realizar un trabajo el cual colabore para hacer de este mundo un mundo mejor.

º Es tener un trabajo que no me disguste y que me permita vivir sin estrés y feliz.

º Es hacer algo que me haga famoso.

º Es ganar mucho dinero aunque tenga que trabajar mucho.

º Es ganar mucho dinero y tener tiempo para hacer lo que quiera.

º Es tener un puesto alto en una empresa importante.

º Es lograr tener un negocio exitoso.

º Es trabajar por mi cuenta, ganar buen dinero y que nadie me mande.

Con relación a este punto lo que también debes preguntarte, una vez que tengas claro lo que para ti es el éxito profesional, es cuáles son las estrategias que deberás seguir para conseguirlo, por ejemplo:

* Si lo que buscas es poder laborar en lo que te gusta, deberás ser muy bueno en eso para que, ya sea que trabajes en forma independiente o en una empresa, la gente te busque para que realices ese trabajo. Esto significa que tendrás que estudiar no sólo una carrera sino una maestría y tal vez un doctorado; significa que deberás buscar ser el mejor estudiante, realizando tu aprendizaje con pasión y entrega. Para lograr esto, es importante que desde esta etapa de vida, encuentres algo que te apasione, algo en lo que gustosamente te dedicarías el resto de tu vida y empezar a realizarlo, como un *hobby*, a partir de esta edad.

* Si lo que buscas es hacer algo que te haga famoso, lo primero que deberás hacer es una lista de todos los trabajos con los que podrías lograrlo, por ejemplo: escritor, inventor, atleta, pintor, actor y otros. Después escoger uno y preguntarte si consideras que tú tienes las habilidades para ser lo suficientemente bueno para desempeñarlo y ser famoso. Si descubres que no las tienes, te aconsejo que te ubiques en tu realidad y busques otra forma de considerar el éxito profesional, de lo contrario, vivirás muy frustrado. Si consideras que sí tienes las habilidades, es importante que sepas que deberás trabajar y estudiar desde ahora, arduamente para lograrlo; aunque te garantizo que si lo realizas, la satisfacción que obtendrás será una gran recompensa para ti.

* Si lo que buscas es ganar mucho dinero con un negocio, empresa propia o por medio de alguna corporación, deberás adquirir muchos conocimientos, habilidades y liderazgo por lo que también deberás trabajar arduamente desde ahora, tal vez empezando a foguearte con pequeños negocios o trabajando formalmente en alguna empresa

sin que importe mucho el nivel del puesto porque lo que necesitas es ganar experiencia.

Como se puede observar, no importa cuál sea el concepto de los hijos respecto al éxito laboral, en todos ellos se marca un esfuerzo y compromiso a partir de esta etapa de vida, por ello, lo más importante como padres, es transmitir a los hijos que busquen vivir con éxito laboral y hacer todo lo posible por encaminarse hacia ello.

• Otro de los puntos importantes a considerar para tu vida, es el equilibrio con el que deseas vivir, esto es, vas a tener un trabajo, una pareja, hijos, amigos y pasatiempos; lo ideal en la vida es vivir en equilibrio con respecto al tiempo y la forma que dedicas a cada una de estas actividades. Por ejemplo, ¿de qué te sirve ganar mucho dinero si trabajas todo el día y toda la semana y no ves ni a tu esposa, ni a tus hijos, ni a tus amigos ni practicas ningún pasatiempo, porque no tienes tiempo para hacerlo? Es gratificante para uno mismo encontrar equilibrio entre las cosas que hacemos. Para lograrlo de adulto, se debe empezar a vivirlo desde esta etapa de tu vida. Por ejemplo, si dedicas demasiado tiempo a los amigos y poco al estudio, vivirás con esa misma falta de equilibrio cuando seas adulto, lo cual no te permitirá alcanzar ni éxito profesional ni mantener una relación sana con tu familia. Caso contrario, si dedicas demasiado tiempo al estudio y al trabajo y no te permites salir con amigos o tener pasatiempos, vivirás problemas de estrés y te será muy difícil para ti encontrar el goce en las relaciones sociales y de pareja.

• Otro de los puntos importantes que debes considerar en tu vida, es la forma en la que te gustaría que quienes te rodean te apreciaran, es decir, la opinión que los demás tengan de ti. Por ejemplo:

° Si deseas que los demás te consideren una persona honorable y de palabra, deberás empezar por buscar cumplir siempre con lo que digas u ofrezcas, desde ahora.

° Si deseas que los demás te consideren alguien en quien pueden confiarle algún secreto, deberás empezar por ser prudente y nunca hablar de más, desde ahora.

° Si deseas que los demás te consideren un buen amigo, deberás empezar por tener actos de nobleza hacia los demás, desde ahora.

° Si deseas que los demás te consideren una persona educada, deberás empezar por mostrar educación con todos y en todas partes, desde ahora.

° Si deseas que los demás te consideren un líder, deberás empezar a considerar la opinión de los demás, desde ahora.

Con relación a lo anterior, hay muchas cosas que podemos enseñar a nuestros hijos; lo más importante que como padres debemos saber y considerar es que lo que les inculquemos ahora y cómo les ayudemos a vivir en esta etapa de vida, será como vivirán el resto de ella.

3. Para dar reconocimiento podemos utilizar frases como las de las etapas anteriores más las siguientes:

• Estoy muy orgulloso de ver el hombre/la mujer en el/la que te estás convirtiendo.

• Estoy muy orgulloso de que busques cumplir con tus metas.

• Estoy orgulloso de lo bien que administras tu tiempo.

• Estoy orgullosa de que siempre piensas y luego actúas.

• Estoy orgullosa de ver el compromiso que has establecido contigo mismo.

• Estoy orgulloso de tu forma de enfrentar la vida.

• Estoy orgulloso de ver cómo encuentras el gusto y amor en lo que haces.

• Estoy orgulloso de que hayas encontrado el coraje para ponerle freno a esa situación, que sólo te estaba lastimando, a pesar de saber que fue algo doloroso para ti.

• Me siento muy satisfecha al ver tu forma de enfrentar los problemas.

• Estoy orgulloso y satisfecho de que seas mi hijo(a).

Bibliografía mínima

Barocio Rosa, *Disciplina con amor: cómo poner límites sin ahogarse en la culpa (guía para padres y maestros)*, México, Pax, 2005.

Chávez Martínez, Martha Alicia, *Tu hijo, tu espejo: un libro para padres valientes*, México, Grijalbo, 2004.

Fromm, Erich, *El arte de amar: una investigación sobre la naturaleza del amor*, España, Paidós Iberica, 2004.

Goleman, Daniel, *La inteligencia emocional. Por qué es más importante que el coeficiente intelectual*, España, Vergara.

Juárez Badillo, Patricia, *Pequeños emocionalmente grandes*, México, Grijalbo.

Prado de Amaya, Evelyn y Jesús Amaya Guerra, *Padres obedientes, hijos tiranos,* México, Trillas.

Prekop, Jirita, *El pequeño tirano*, México, Herder.

Serrano, Maruca, *Autoestima*, Instituto de Educación y Servicio, Universidad del Pedregal. Familia y Autoridad.

Shapiro, E. Lawrence, *La inteligencia emocional de los niños, España,* Vergara.

Padres buenos, padres malos, de Patricia Juárez Badillo
se terminó de imprimir en abril de 2009 en
Litográfica Ingramex, S.A. de C.V.
Centeno 162-1, Col. Granjas Esmeralda,
México, D.F.